ちくま新書

教育改革の幻想

苅谷剛彦
Kariya Takehiko

329

教育改革の幻想【目次】

はじめに

　教育を変えなければならない。このような考えが、多くの人びとをとらえ、広く支持されてきた。一九八〇年代半ばの臨時教育審議会以後、私たちはすでに二〇年近くにわたり、日本の教育改革を論じ、さらにはその実施に努めてきた。その成果の如何にかかわらず、私たちが教育改革なるものに突き動かされてきたことは事実である。

　ところが、長年にわたり教育改革を論じ続け、その一部を実施に移してきた私たちは、改革が何をもたらしたのかを十分知っているわけではない。教育改革によって、どのような問題が解決したのか。教育のどこが、どう改善されたのか。そうした政策評価のないまま、まるで熱病にとり憑かれたように、私たちは、さらなる改革を求め、推し進めてきた。高校入試からの偏差値追放や「新しい学力観」と呼ばれた教授法・評価法の革新といったいくつかの例をとりだしてみても、鳴り物入りで始まった教育の改革が、教育現場に何をもたらしたのかを、私たちは十分知っているわけではない。それでも、「まだまだ改革は不徹底だ」「教育現場には十分浸透していない」といった声に押されるように、さらなる教育の改革が求められている。

私たちが無知であるのは、教育改革の成果だけにとどまらない。教育を変えなければならないというそもそもの出発点にある問題のとらえ方が、どれだけ的を射たものであったのか、それまでの教育のどこが問題で、何をどう変えれば、教育がよりよくなるのか。立ち止まって考え直してみると、一般の「常識」とは異なり、こうしたことについても、私たちが実態をとらえ、熟知していたわけではないことに気づく。

「過度の受験競争」「暗記ばかりの詰め込み教育」「画一教育」——こうしたフレーズをあげた途端、多くの人びとは、その実態を十分見きわめることもないまま、今の教育を変えなければならないという主張に、あまりにも簡単に同意してしまう。それはなぜなのか。

他方で、これら、今までの教育の暗いイメージをちょうど反転させた、「自ら学び、自ら考える力を育てる教育」「子どもの意欲を中心とした教育」「子どもたちが自分で学びたいことを選べる教育」といった改革のキャッチフレーズが、その実現可能性を十分考慮されることもなく、実施の過程で何が生じるかに目を向けることもなく、手放しで肯定され、多くの人びとを魅了してしまうのはなぜなのだろうか。

本書は、わかりきったつもりで邁進してきた教育改革を、今一度、立ち止まって考え直するための試みである。教育改革につきまとう「幻想」を振り払って、教育の実相をとらえ直すことが、改革を現実のものにするうえで重要なプロセスだと考えるからである。その意味で、本書は、改革にただ抵抗すること、批判することだけをねらったものではない。教育改革の出発点ともいえる問題認識と教育の理想を問い直し、そこに含まれた教育のとらえ方・論じ方の特徴を明らかにする。そうすることで、改革の仕切り直しができると考えるのである。

そのために本書では、二つの対象を設定する。ひとつは、今までの教育を否定的にとらえる見方自体の検証である。これまでの教育を批判することが改革の出発点にあったのだが、そこでの教育のとらえ方がどのような見方に縛られてきたのかをとりだし、検討する。具体的には、「受験地獄」「狭き門」と呼ばれた一九五〇年代を振り返り、そこでつくられた受験教育批判の視線の強さと、その後の受験競争の変化とを検証する。

これがいわば、教育の暗いイメージの分析だとすれば、二つ目に設定する対象は、その闇を反転させた光の部分、すなわち、教育改革が掲げてきた理想のとらえ方、理想と現実の交錯のしかたである。「子どものための教育」として要約できる教育改革を主導する理想のまばゆさが、教育の現実をどれだけ見えにくくさせているのかを検証するのである。

具体的には、「子ども中心主義」と呼ばれる教育の考え方が、私たちを魅了する理由を探ると同時に、そのもとで進行する教育が、制度レベルで見た場合にどのような帰結をもたらすのかを検討する。理想としてはだれもが反対のしにくい理念を、それが実行に移された姿を通してみることにより、光の部分の問題点を指摘するのがねらいである。

教育改革の幻想は、闇と光のコントラストのメタファーでとらえることができる。闇の暗さに慣れれば慣れるほど、掲げられる理想の光の眩《まぶ》しさが、私たちを幻惑する。そして、そのコントラストが強ければ強いほど、私たちは足下の現実をしっかりと見据えることができなくなる。光も闇も、足下を見えにくくさせる点では同じなのである。

幻想を取り除いたあとで、私たちは教育改革の仕切り直しをどうすればできるのか。具体案までには至らないものの、教育改革の出発点となる視点を最後に提案した。けっして目新しいものではないのだろうが、「学力低下」論争以後、迷走を始めた感のある教育改革の動きを見据え、筋道を付け直すための議論のたたき台にはなればと期待する。

本書を通じて、幻想に囚われない教育の論じ方が広まることを願ってやまない。囚われの視線から少しでも自由になることが、理想と現実の両者を鍛え上げることにつながると考えるからである。

第1章
教育の制度疲労

†「今までの教育はまずい」という議論

文部省側の言い分としては、確かにデータもないけど、「いままでの教育システムではまずい」ということについては、それはだいたいコンセンサスが得られているのじゃないかと思います。

これは、一九九九年七月に私と対談した際の、教育改革の行政面での責任者の一人、寺脇研・文部省政策課長（当時）の発言である。なるほど、一九八〇年代半ばの臨時教育審議会（臨教審）以後、教育改革は国民的なコンセンサス（合意）を前提に進められてきた。「いままでの教育ではまずい」といった見方は、各種世論調査をみても、寺脇氏の指摘通り、広く国民の支持を受けていたといってよいだろう。

八〇年代半ば以降、いじめ、不登校、学級崩壊、高校中退、それに子どもをめぐるさまざまな暴力事件など、「今までの教育」がこれらの問題を生み出してきたという見方が定着した。さらには、大蔵省や警察のキャリアと呼ばれる上級官僚や金融機関のトップが不祥事を起こすと、そうした「エリート」を生み出してきた「今までの教育」が問題視されたりもした。そして、学校や家庭や社会の問題の一因として、「今までの教育」が時代の変化に合わなくなっていることがたびたび指摘されてきた。

しかも、情報化が急速に進展する時代には、知識は急速に陳腐化する。生涯学習の時代でもある。そうした時代には、「自ら学び、自ら考える力」が必要であり、これまでの「知識の詰め込み」教育では対応できないといった意見も根強く、幅広く受け入れられている。

そして、結論として、「今の教育は制度疲労を起こしている」、だから「教育を改革しなければならない」となる。国民の大多数が、なんとか「今の教育」を変えなければならないとの熱い思いを寄せるのも、「教育問題」の多くが、「今の教育」の不備によって生じており、これまでの教育がこれからの時代に合わなくなっているという認識を共有しているからである。教育改革が不断に追究される理由は、そこにある。

ところが、教育の実態を軽視したり、見誤ったり、あるいは改革の現実的な可能性についての議論を十分に詰めないまま、ともかく今の教育を変えなければならないといった性急な判断を下すと、教育改革は思わぬところで墓穴を掘る。あるいは逆に、「現在進行中の教育改革には問題が多いから改革をストップすべきだ」といった主張についても、短兵急に答えを出しているとすれば同類である。いずれも、教育改革という〈幻想〉に振り回され、現実を直視する目が眩《くら》んでいるように見えるのである。

†印象論・体験論の危険性

教育を変えなければならない——このような認識のもとに、教育改革が進行しているのだが、はたして、めざすべき改革は、正しい現状分析によっているのか。教育を望ましい方向へと変えるための十分な手段が与えられているのか。それとも、教育改革は、不十分な現状認識をもとに、実現のあやふやな「まぼろし」を追いかけているにすぎないのか。

本書は、現在進行中の文部科学省の教育改革に代表される教育のとらえ方・問題把握のしかた、さらには改革をリードする理想の描き方を、できるかぎり実証的に検証し、そこで見落とされた問題はないか、問題認識に誤りはないかを問い直そうとする試みである。

教育改革や教育問題をめぐっては、さまざまな印象論、体験論に基づく議論が広まっている。だが、個人的な印象や体験に基づく主張は、憶測を生みやすい。そうした憶測に基づいて改革の方向が決められるとしたら、その試みは教育や社会の基本的な構造を思わぬ方向に変えてしまう危険性をもつ。しかも、こうした危険性について、憶測にまかせた判断はほとんど気づかないままか、気づいていたとしても、その方向を変更するまでには及ばないことも少なくない。

このような危惧をもった場合、それをただす一つの方法は、できるだけ実態を正しくとらえうるデータを使って、改革論議に埋め込まれた現状認識や問題把握の甘さを指摘していくことである。さらには、改革がめざす理想を自明視するのではなく、そこに込められた論理の絡まりを解きほぐすことによって、掲げられる改革の目標自体を丹念に見直していくことも必要だ。このような作業が重要となるのも、改革の出発点となる現状の問題認識や掲げられる理想に、誤りや無理があれば、現実の教育を思わぬ方向に変えてしまうからである。医療にたとえれば、診断の誤りは当初の病状を改善するどころか、症状を悪化させたり、思わざる別の症状を引き起こしてしまう。そして、病状が深刻かつ複雑であればあるほど、適切な「検査」に基づく診断が必要なのであり、正確な検査データがあって初めて、的確な治療方針も打ち立てられるのである。

†「子どものための教育」の妙なまばゆさ

本書にはもう一つのねらいがある。教育改革のベースとなる問題把握の誤りが、実は私たちが慣れ親しんできた教育の見方、さらには私たちの教育の論じ方に由来することを解き明かすことである。

現在進行中の教育改革においては、「子どものため」の教育が強く求められている。「子ども（自身）のため」の教育というフレーズは、社会のための教育、経済のための教育、国家のための教育といった、個人を超え出た水準で教育の貢献をとらえようとする発想を簡単に打ち砕いてしまうほどの魅力をもつ。子どもに競争を強いたり、好きでもないことを覚えさせたり、「いい学校に入るために勉強しなさい」と尻をたたいたりすることは、「子どものため」にならない。少なくともこうしたことを公言するのが憚られるほどに、「子どものため」を思う教育言説の力は強い。それも「今、ここ」にいる「子どものため」を思いやることが「正しい」のである。

今、ここにいる、一人ひとりの子どものための教育――こうした理想が魅惑的となる理由の一つは、その裏返しとして、現実の教育を見るイメージが根強く私たちをとらえて離さないからである。将来役にも立たない知識を覚え、暗記した量で点数が決まるテスト。その優劣でどの学校に入れるかが決まり、ひいてはそれが「いい会社、いい人生」につながる。こうした「学歴社会」と「受験競争」の悪役イメージへの反発や反動が、教育改革をリードする教育の理想を陰で支えてきた。つまり、子ども一人ひとりの学びたい欲求を無視した、点数を競いあう教育という否定的なイメージが強烈であればあるほど、その裏返しとして、「子どものため」の教育が手放しで賛美されるのである。

しかし、詰め込み教育や偏差値教育といった教育の現状をとらえるイメージの暗さと「子どもが主人公」の教育のまばゆさとのコントラストが強すぎるために、教育の問題点を把握する場合にも、教育の理想を掲げる場合にも、いずれも足下の現実を的確に見きわめることができなくなっているのではないか。こうした教育の論じ方が、教育における議論を不毛にしているのではないか。そうだとすれば、そこから逃れるには、どうすればよいのか——本書では、教育改革のベースとなる問題把握の特徴を検証しつつ、問題解決の手段として掲げられる改革の理想をも分析の対象に据えることで、より冷静な議論を導きたいと願っている。理想を理想としてだけ語るのではなく、現実をくぐり抜けることで鍛え上げていく。そのための準備として、教育改革が掲げる理想の〈幻想〉をまずは取り払っておくことが必要だと考えるのである。このような試みを通じて、本書では、教育の議論をより生産的にするための方法を探っていく。

1　政策担当者の問題把握

この章ではまず、教育改革がどのような問題把握のもとに行われているのかを、学習指導要領や「学力」問題に焦点をあてて確認しておきたい。その準備作業として、ここでは一九九九年七月に、私が寺脇研氏（当時文部省政策課長）と行った対談を材料に検討を進めたい。この対談は、その一部が要約されて「朝日新聞」紙上に掲載されたあと、雑誌

『論座』一九九九年一〇月号にほぼ全容が掲載され、さらには『論争・学力崩壊』（中公新書ラクレ）に再録された。しばらく時間は経ったものの、そこでの寺脇氏の発言には、随所に教育改革担当者の教育認識が端的に示されている。

この対談に臨んだとき、私は、自分の主張を訴えるよりも、教育改革の有力な責任者の一人である寺脇氏に確認したいことを十分聞きだそうと心がけた。一人の研究者の主張で何かが変わったりすることはありえない。それに対し、政策担当の責任者による公的な場での発言は、その内容によっては何かを大きく変える可能性がある。そのような考えから、私の意見をぶつけながらも、むしろ、寺脇氏の考え方を明確に世の中に示すことが私の役目だと考えたわけである。

そこで引きだされた教育改革をめぐる論点は、どのようなものであったのか。教育改革のベースとなる問題把握の特徴を明らかにし、本書が取り組む分析課題を示すために、以下では、重要と思われる寺脇氏の発言を追ってみることにしよう。

ただし、念のために断っておくが、ここでは寺脇氏の個人的な見解を批判したり、非難することが目的ではない。『論争・学力崩壊』の編者、中井浩一氏が的確に評価したように、「正面から（かわすような官僚答弁ではなく）」「国民への説明責任を誠実に果たそうとした」寺脇氏の貢献は、まさにそれまで「のっぺらぼうだった文部省」に「はじめて

『顔』」を与えるものであった（「中央公論」編集部・中井浩一編『論争・学力崩壊』）。私自身、対談を通じて、教育の議論を不毛にしないための誠実さを寺脇氏から強く感じた。それだけに、官僚答弁ではない、文部省を代表する改革担当者の真意がくみ取れる。議論の出発点として、ここで取り上げる理由もそこにある。

†教育内容の削減は「全員が百点」をめざす――論点①

今回の教育改革は、学校週五日制の完全実施に伴い、小学校から高校までの教育の内容を「三割削減」することが目玉の一つであった。そして、それがその後の「学力低下」論争を引き起こしたことは、周知の通りである。教育内容の削減の意図について、改革担当者の考え方を示すものとして、次の発言がある（なお、以下、『論座』一九九九年一〇月号からの引用である。カッコ内の数字はそこでのページ数を示す）。

小中学校のときにハイペースで飛ばして、高校、大学と遊ぶといった順序だったのを、小中学校のときはスロースタートでいいから少しずつやって、高校、大学はペースを上げるわけで、中学三年卒業時点の学力は落ちると思うけれど、トータルに見たら、いまと変わらない学力を維持しているということです。

同時に、いままで確かに小学生で三割の子、中学生で五割の子、高校で七割の子が「授業がわからない」と言っている「七五三」の状態があるわけで、二〇〇二年からの新教育課程では、小中学校で教育内容は三割削減されるけれど、わからないで授業に出る、そういう子は一人もいないようにする。つまり中学校卒業時点で、全員が百点というか、きちんと内容を理解できるようにしなければいけないんです。（一七ページ）

「全部百点が取れるようにしますけれど、学習内容の範囲はいままでよりは狭くしますよ」と、（文部省が――引用者注）きちんと約束していかないといけない。（二〇ページ）

ここでの発言に示されているように、教育内容を減らすことによって、小中学校では「スローペース」での学習が可能になる。まさに「ゆとり」の教育の実現が、めざされている。その結果、学習内容は減っても「全部百点が取れるように」なる、つまり、「わからないで授業に出る、そういう子は一人もいないようにする」ことがねらいだというのである。ここから引きだせる論点は、教える内容を減らすことが、子どもにゆとりを与え、授業理解度を高めるはずだとする見方であり、問題のとらえ方である。

だが、はたしてこのような問題のとらえ方は、どれだけ実態をふまえたものなのか。この問題については、第2章で再度、問題認識の特徴を詳細に検討したうえで、第3章で分析を加える。また、教える内容を減らすことで、本当に「全員が百点をとれる」ようになるのかについては、本章の2節で簡単な分析を行う。これらを通じて、「ゆとり」教育をめぐる問題認識と、それがめざす理想の論理構成、さらには「ゆとり」教育の帰結について検討できるだろう。

†「自分で学びたい」という学習意欲を高めることをめざす——論点②

教育内容の削減と合わせ、今回の学習指導要領の目玉として登場したのが、「総合的な学習の時間」である。そこでは、教科の壁を越えた「総合的な学習」がめざされているが、もう一つのねらいは、体験学習やテーマ学習、調べ学習など、子どもたちの主体的な学習を取り入れることにより、学習意欲を高めようとするところにある。直接、総合的な学習の時間に言及した発言ではないが、寺脇氏の言葉を引けば、次のようになる。

少子化が進んで、高校も大学も入るのが難しくなくなったから、たぶん勉強量は減っていくと思うんですが、「自分で学びたい」というモチベーションは、小中学校の段階で持ってもらいたいんです。わからないから、勉強嫌いになる。勉強が全部わかれば、「この科目はもっとやりたい」という意欲が出てくると思うのですよ。（一九ページ）

受験は外在的モチベーションの最たるものだと思うけれども、内在的モチベーションもつくっていかなきゃいけない。（二二ページ）

受験のように、外側からの圧力で勉強しようとするのではなく、「自分で学びたい」というモチベーション、「内在的モチベーション」を子どもたちに持たせることが、新指導要領のねらいだというのである。内在的、内発的なモチベーションをもとに勉強すれば、勉強量が減っても、「もっとやりたい」という意欲につながる。意欲を高めるために、子どもたちの「興味・関心」を喚起する授業が奨励されるのである。

九八年改訂の学習指導要領のねらいも、たんに教える分量を減らすことで、学校五日制に対応しようとしただけにとどまらない。より積極的に、子どもたちの学習意欲に切り込もうとする試みを含んでいる。「生きる力」をめざす、「新しい学力観」に先導されてきた教育のさらなる推進である。そのための具体的な手段として、「総合的な学習の時間」が導入される。ここには、前述の「子どものため」の教育、「子ども中心主義」の教育が色濃くにじんでいる。第2章の後半でその特徴を教育改革論議の中に位置づけた後で、第4章ではそれを受けて、「子ども中心主義」教育の問題点に迫る。子どもたちの活動や体験を取り入れることによって、興味・関心を喚起し、学習意欲の向上をめざす教育改革が、いかに足場の危うい理想主義の上に立っているのかを論証するのである。

†学習指導要領の成果は教師たちのやりかた如何による——論点③

教育改革の当事者とはいえ、寺脇氏は改革が理想通りにうまくいくと楽観しているわけではない。本人の言を借りれば、「もちろん確かに心配はありますよ。私だって心配していています。能天気にうまくいくなんて思ってない。心配だからこそ逆に声を大にして、みなさん信じてくださいって言わなきゃいけない。信じなければ実現しない」（二六ページ）となる。そして、その成否を担っているのが、教師である。寺脇氏は、次のようにいう。

さっき「新指導要領」で百パーセントわからせると言いましたけれど、これにはいろんな前提がある。学校の先生たちがちゃんとやってくれるかどうかです。

二〇〇二年にはわからない子は一人もいないという状態を見せなきゃいけない。それは至上命題です。そのことを教育界に携わる人間が共通認識として持っているのかといえば、そうでもない先生もいる。それを早く先生方にわかっていただきたい。（二四ページ）

どうせだめだろうと思ったら、全然うまくいかないわけで、先生の底力を見てほしいという話をしています。（三二ページ）

ここに示されているように、改革を進める行政担当者にとっても、教育現場の理解と実践如何によって、改革の成否が分かれることが認識されている。「学校の先生たちがちゃんとやってくれるかどうか」にかかっているのである。なるほど、いかなる教育改革も、それが実現されるためには、学校現場での実践をくぐり抜けなければならない。しかし、このことは直ちに、教育改革の成否の責任を教育現場が負うべきだということを意味するわけではない。学校現場に実行可能な範囲で、改革案が提示されているかどうかによるからである。条件整備が不十分なまま、あるいは教育現場の「理解」が不完全なまま、教育改革が断行されれば、現場は過大な期待を引き受けることになったり、混乱したりするばかりである。

教育改革が掲げる理想は、はたして教師たちにとって実現可能な目標になっているのだろうか。一人ひとりの教師の問題としてではなく、日本の教育制度を変えるという視点から見た場合に、理想が実現しないのは、「先生たちがちゃんとやってくれ」ないからなのだろうか。それとも、掲げられる理想と、その実現を阻む現実とのギャップが大きすぎるからなのか。そうだとすれば、こうしたギャップを放置したまま、それでもなお改革が進められようとしているのはなぜか。そしてその結果として、無理を強いる改革は教育の実態に何をもたらすことになるのか。

教師のやり方しだいという問題は、教育改革が掲げる理想と現実とのかかわり方をとらえ直すうえで、格好のテーマである。この問題については、第4章での「子ども中心主義」教育の理想論を検討したうえで、第5章において詳論する。

2 これまでの教育改革の成果

次章以下の分析に先立ち、ここでは、これまでの教育改革の成果について、確認可能な範囲で政策評価をしておきたい。二〇〇二年からの教育改革と同じ路線に立つ改革がすでに一〇年近くにわたり実施されてきたからである。これまでの改革と二〇〇二年からの改革との関係については、第2章で詳しく論じることにするが、その前に、これまでの改革が思ったような成果を上げていないことを、まずはデータにより確認しておく。そうした現状認識が、以下の議論のスタートラインとなるからである。

†ゆとり教育の成果

寺脇氏の発言にもあったように、ゆとりを与えるために、教育内容の削減を進めてきたのは、「七五三」といわれる、「授業のわからない子ども」に対処するためであった。「新幹線授業」といわれ、あまりに多くの内容を子どもたちの理解度を無視して「詰め込む」授業。それが、小学校では三割、中学校では五割、高校では七割もの「授業についていけない生徒」をつくりだしている。それを改善することが、「ゆとり」教育のめざすところであった。

それでは、教育内容の削減とゆとりの拡大は、子どもたちの授業の理解度を改善したのだろうか。少なくとも現時点までの内容削減の成果を見ておくことで、「これから」についての予想が可能になる。

図1は、文部省が一九九八年に実施した授業理解度についての調査の結果と、教育社会

学者の深谷昌志氏が一九七九年に東京と名古屋で行った同種の調査結果とを、比較可能なように合わせて示したものである（ここに示したのは中学生対象の調査結果である）［注1］。

これらの調査結果を見るかぎり、教育内容の削減だけでは、けっして生徒の授業理解度が改善されていないことがわかる。授業がわかるものの比率（「よくわかる」と「だいたいわかる」の合計）を見ると、若干分布に変化はあるものの、授業を理解している生徒は、九八年も七九年もおよそ四四％ほどで、ほとんど変化していないのである。

図1　中学生の授業理解度の経年変化

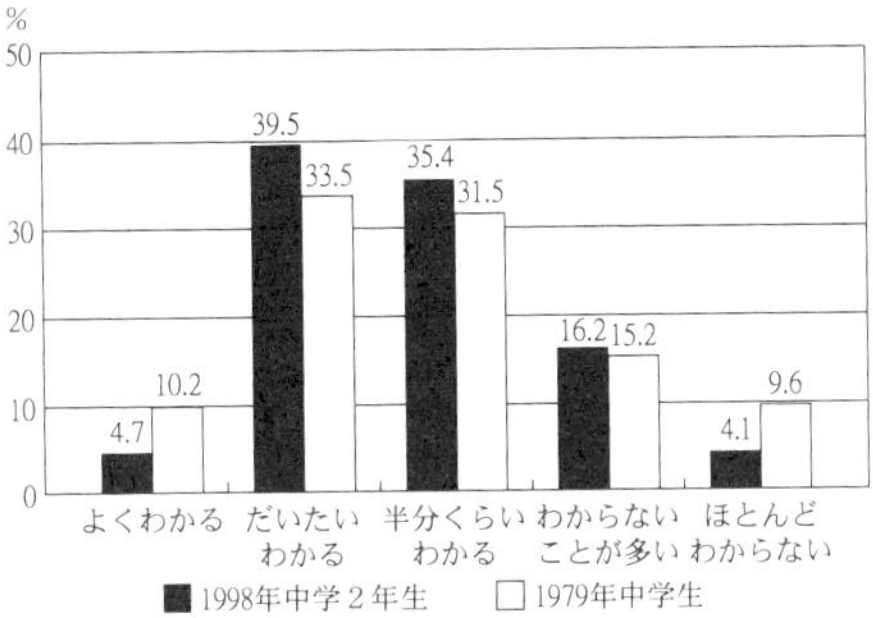

(98年は文部省「学校教育に関する意識調査」より。79年は深谷昌志「乱塾のなかの子どもたち」麻生誠編『学校ぎらい勉強ぎらい』福村出版、1983年、170-192ページの表の数値より作成)

もう一つデータを示そう（図2）。それは私たちが二つの県の同一の一一校の高校二年生を対象に、一九七九年と九七年に実施したアンケート調査の結果である［注2］。「教科書の内容が難しすぎてついていけない科目がある」と答えた生徒は、一九七九年には三〇・一％だったのが、九七年には四三・三％へと増えている。ここでの結果では、教育内容の削減にもかかわらず、授業の理解度は

図2　「教科書の内容が難しすぎてついていけない科目がある」

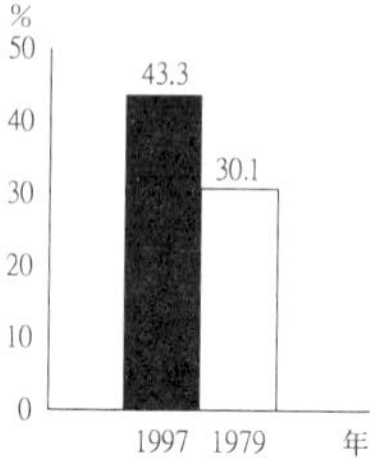

低下している。

これらのデータから、教育内容の削減だけでは、他の条件が変わらないかぎり、授業の理解度を促進しないことがわかる。たとえ教育内容を削減しても、それだけでは授業の理解度は高まらないのである。少なくとも、これまでの「ゆとり」教育は、「七五三」の解消という点では、意図通りの成果を上げていない。

†「学習到達度」の低下

それだけにとどまらない。「ゆとり」拡大の過程で、改革が思いもよらなかった問題を生み出した。「学力」の低下である。これまで大学生の学力低下を問題視する声に対し、義務教育や高校教育段階では、学力の低下は生じていないと文部（科学）省は主張してきた。しかし、その見解は、文部（科学）省自身が行ってきた調査結果によって否定される。

ここでは「学力」とは何かといった定義の問題に踏み込むことを避けるために、学習指導要領に提示された学習内容がどれだけ定着しているかを示す学習到達度に注目する。それも文部（科学）省自身の調査結果によって、改革の成果を検討してみたい。

表1　中学校理科の学習到達度の比較

学年	問題番号	問題の内容	観点等	通過率	前回の問題		
					通過率	年度	学年
				%	%	昭和	
1	A16(1)	圧力	思考・判断	51.7	69.8	58	1
1	A16(2)	圧力	思考・判断	67.8	62.8	58	1
1	B4 (1)	花のつくり	知識・理解	81.6	85.3	58	1
1	B4 (3)	裸子植物との区別	技能・表現	72.2	85.1	58	1
1	B4 (4)	被子植物の特徴	技能・表現	43.6	44.6	58	1
1	B7 (1)	光合成の働き	技能・表現	57.0	42.5	58	1
1	B7 (2)	対照実験	技能・表現	46.3	55.8	58	1
1	B10(2)	顕微鏡の視野	技能・表現	84.6	90.1	58	1
1	B10(3)	顕微鏡の倍率	技能・表現	51.8	50.2	58	1
2	A4 (3)	化合の意味	知識・理解	76.7	67.5	58	1
2	A11(2)	化学式	知識・理解	68.1	71.7	58	2
2	B5 (3)	相対湿度の読み取り	技能・表現	56.4	65.8	58	2
2	B5 (4)	乾湿計の原理	技能・表現	56.7	61.6	58	2
2	B16(1)	低気圧中心の天気	知識・理解	53.8	60.3	58	2
2	B16(2)	寒冷前線の名前	知識・理解	55.9	63.0	58	2
2	B16(3)	前線付近の空気の性質	知識・理解	47.7	51.1	58	2
3	A10(4)	蒸発乾固の方法	技能・表現	68.0	74.5	58	3
3	A10(5)	中和による生成物	知識・理解	72.6	71.9	58	3
3	A11(2)	仕事	思考・判断	55.5	64.3	58	3

（文部省『教育課程実施状況に関する総合的調査研究』1996-97年より）

表1は、文部省が新指導要領の改訂に際し、一九九六—九七年に実施した『教育課程実施状況に関する総合的調査研究』から、中学生調査の理科の結果を示したものである〔注3〕。ここで理科を取り上げるのは、他の教科では、過去（一九八三年）に行われた同様の調査と比較するための共通問題の数が著しく少ないのに対し、中学校理科では一九問の共通問題が含まれており、それによって学習到達度の変化が検討できるからである。なお、表1は、今回入手した資料をそのままの形で掲載してある。

仮に五ポイント以上の差があっ

た場合を変化ありとみなすと、これら一九問のうち、通過率（完全な正解とほぼそれに近い解答を合計した比率）が上昇しているのはわずか三問で、低下しているのが九問、変化なしが七問となる。たしかに「前回より通過率の高い問題もあれば低い問題もある」（この報告につけられた文部省のコメント）のだが、より正確にいえば、低下傾向のほうが優勢である。

全国調査ではないが、文部科学省の政策立案のための基礎的な調査研究を行う国立教育研究所による中学・高校生の継続調査によっても、理科と数学の学習到達度の低下傾向がうかがえる（『理数調査報告書』理数長期追跡研究ブックレット）。国立教育研究所では、同一の学校を対象に、現行の学習指導要領実施前の一九八九年を起点に、一九九二年、一九九五年と三時点にわたる理科と数学の到達度調査を行っている。図3、図4が示すように、理科についても、数学についても、正答率は九五年で低くなっている。

学習指導要領に示された学習内容をもとに調べた「到達度調査」で、正答率の低下傾向が見られたという調査結果は、学習指導要領が提示する「教えるべき知識」を「無意味な（古い）学力」にすぎないとみなさないかぎり、これまでの教育改革が、こうした学習到達度の低下を伴いながら進行してきたことを示すのである。

もちろん、このデータだけから、日本の子どもたちに全般的な「学力低下」が生じているということはいえない。さらなる調査が必要なことはいうまでもない。しかし、ここで指摘したいのは、文部省自身が行った大規模な調査によっても、文部省のお膝元の研究所が行った調査によっても、学習到達度の低下の傾向が見られたという事実にもかかわらず、そのことが学習指導要領改訂の議論を通じてまったくといってよいほど、十分な審議の対象にならなかったことである。ここには、まさに本書が問題とする、「教育改革の幻想」に囚われた問題認識の欠如が現われていたのである。

図3　中学2年生と高校2年生の理科の平均正答率の変化

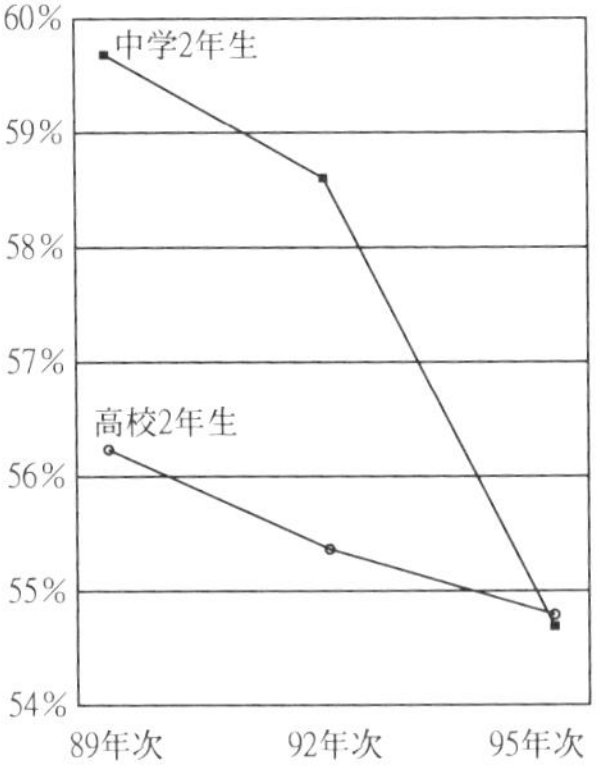

図4　中学2年生と高校2年生の数学の平均正答率の変化

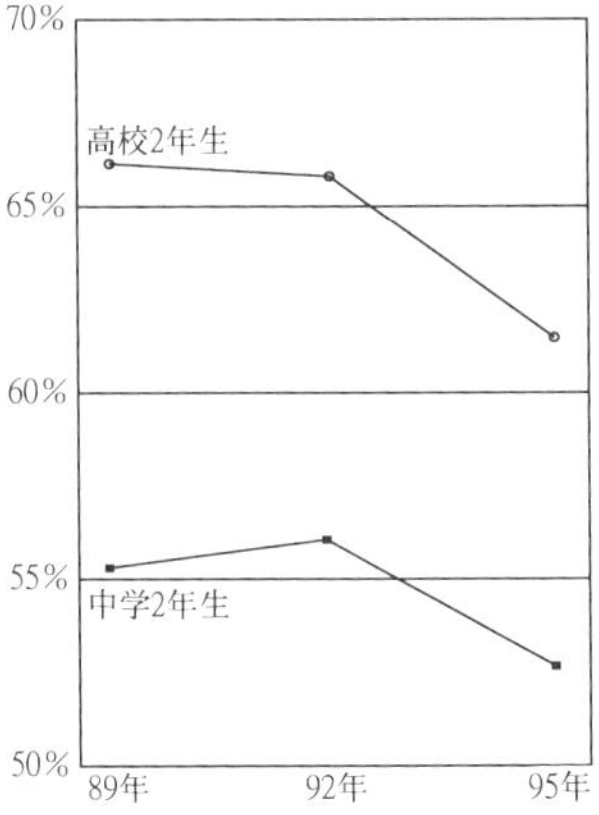

(国立教育研究所『理数調査報告書』1998年より)

図5　授業で心がけていること

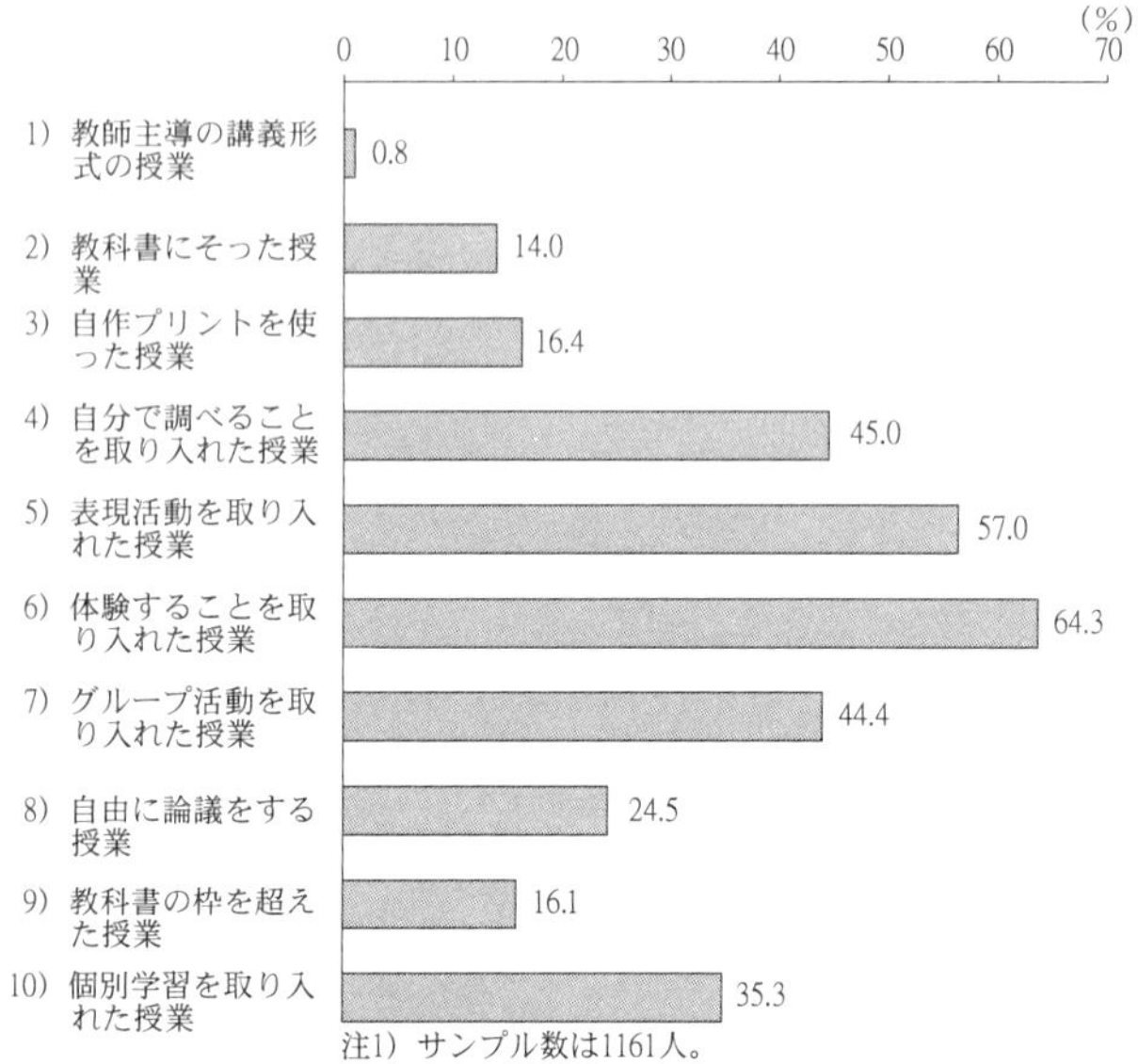

注1）サンプル数は1161人。
注2）数値は「特に心がけている」と回答した割合。
（ベネッセ教育研究所『第2回学習指導基本調査報告書・小学校版』1999年より）

†高まらない学習意欲

子どもたちの興味関心に応じた教育を行うことで、学習意欲を高めようとする試みも、成功しているようには見えない。図5は、ベネッセが一九九八年に行った小学校教師を対象とした調査の結果である。この調査では小学校の教師たちに「あなたはどのような授業方法を心がけていますか」という設問で、いくつかの授業方法についての実施状況を調べている。この図から、伝統的な教授法ともいえる「教師主導の講義形式の授業」を心がけている教師は一％にも満たなくなり、代わって児童が「体験することを取り入れた授業」や「表現活動を取り入れた授業」「自分で調べることを取り入れた授業」「グループ活動を取り入れた授業」を心がける教師が多いことがわかる。第2章で詳しく見る「新学力観」のもとで推奨された体験学習や調べ学習といった授業方法は、かなり広く実施されている。

このような調査結果が、ある程度教育の現実を反映しているとすれば、改革の意図は教育現場に広く浸透しており、その意図に沿った授業が行われているということができる。ところが、それに対応して、子どもの学習意欲が高まったことを示す調査は残念ながら見あたらない。むしろ、意欲が停滞しているか、低下している調査結果のほうが圧倒的に多いのである。

教育改革の議論を行う際に、文部科学省がしばしば依拠している『第三回国際数学・理科教育調査』では、理科や数学の好き嫌いを調べている。一九九五年に行われた調査と九九年に行われた調査を合わせて示したのが図6―8である。この結果を見るかぎり、ベネッセの調査が示す「新しい学力観」による授業を小学校で受けてきたはずの九九年の中学二年生では、数学の「好き（大好き、好きの合計）」がやや減り、その分「嫌い（大嫌いと嫌いの合計）」が増えている。また、数学の授業が「楽しい」は四六％から三八％へと減

図６　数学の好き嫌いの変化（1995年と99年の比較）

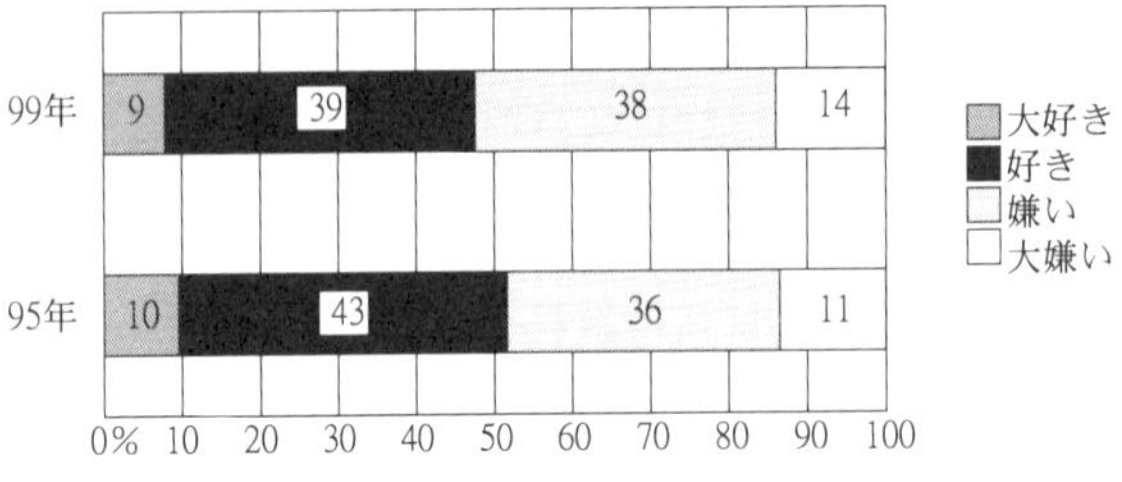

図７　数学の学習への意識の変化（95年と99年）

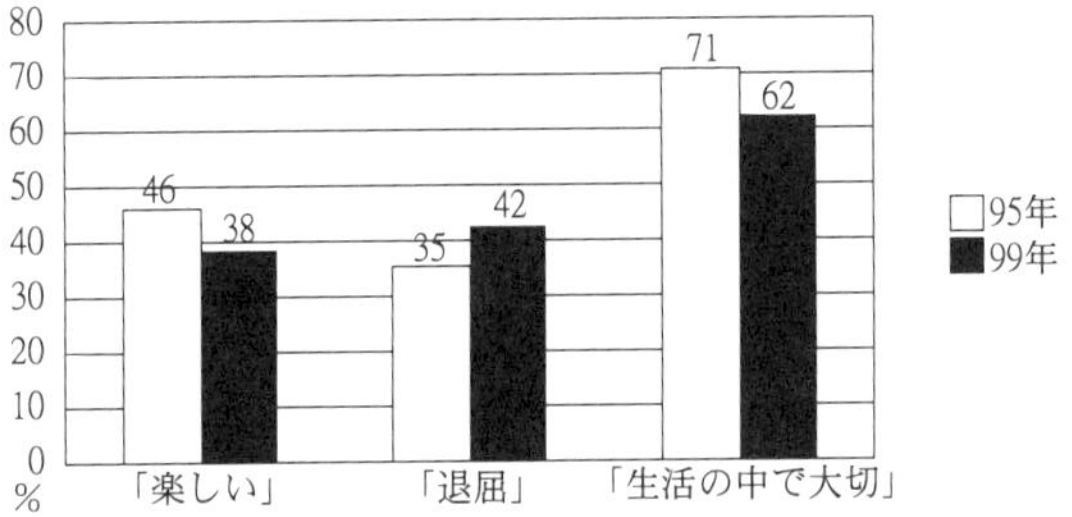

図８　理科の学習に関する意識の変化（95年と99年）

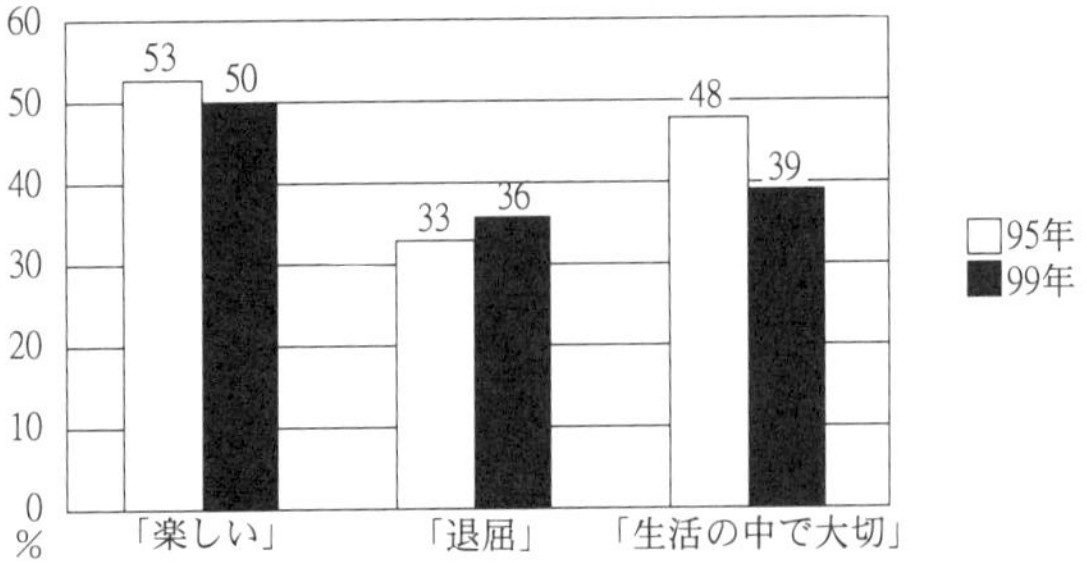

（『第３回国際数学・理科教育調査』より）

少し「退屈」が三五％から四二％まで上昇している。「生活の中で大切」と思う生徒も七一％から六二％へと減少している。理科については比較的変化が少ないが、それでも意欲の改善を示す徴候は見られない。

以上の結果から、どんなに控えめに見ても、これまでの改革が中学生段階での学習意欲の改善をもたらしていないことは明らかである。

†解決しない教育問題

それでは、教育改革が解決をめざしてきた「教育問題」に対しては、どのような改善が見られるのだろうか。

図9は、不登校児童生徒数（五〇日以上欠席者）とその発生率の推移を示したものである。統計のとりかたによって変動のある数値ではあるが、少なくとも文部科学省の公式統計によるかぎり、不登校児童生徒数、発生率ともに、小学校でも中学校でも増え続ける傾向にある。

図10は、今度は高校の中退者率の推移を示したものである。これを見ても、中退率は減るどころか、かえって増える傾向にある。また、学校内暴力の発生件数、発生学校数についても、九〇年代に入り増加傾向にある（図11）（なお、いじめについては、統計のとりかた

図９　不登校児童生徒数の推移（50日以上欠席者）

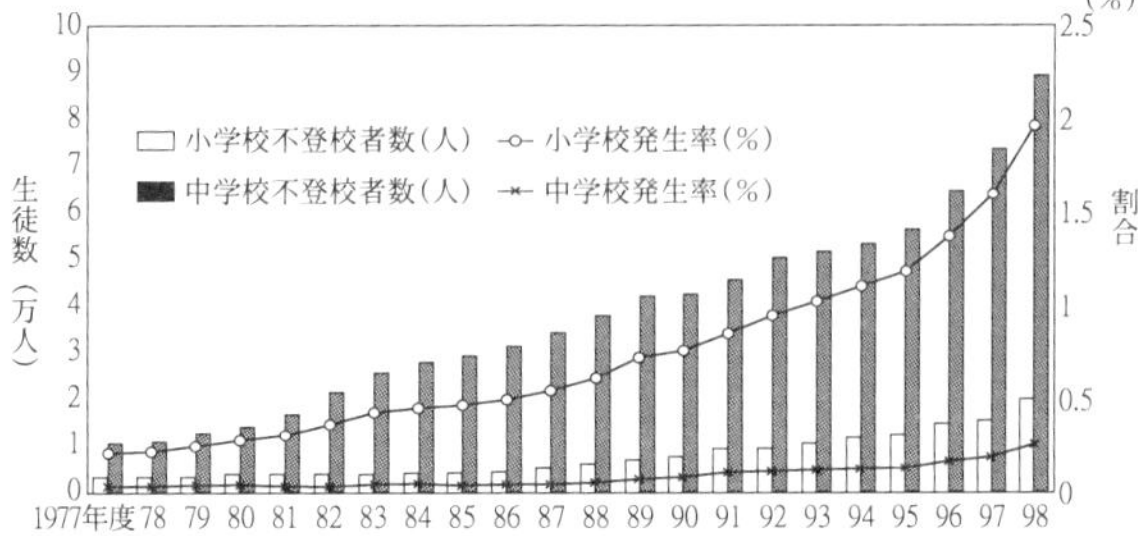

（藤田英典著「戦後における青少年問題・教育問題」（『教育学年報８　子ども問題』世織書房、2001年より）

図10　高校中退率（中退者／高校在籍者数×100）の推移

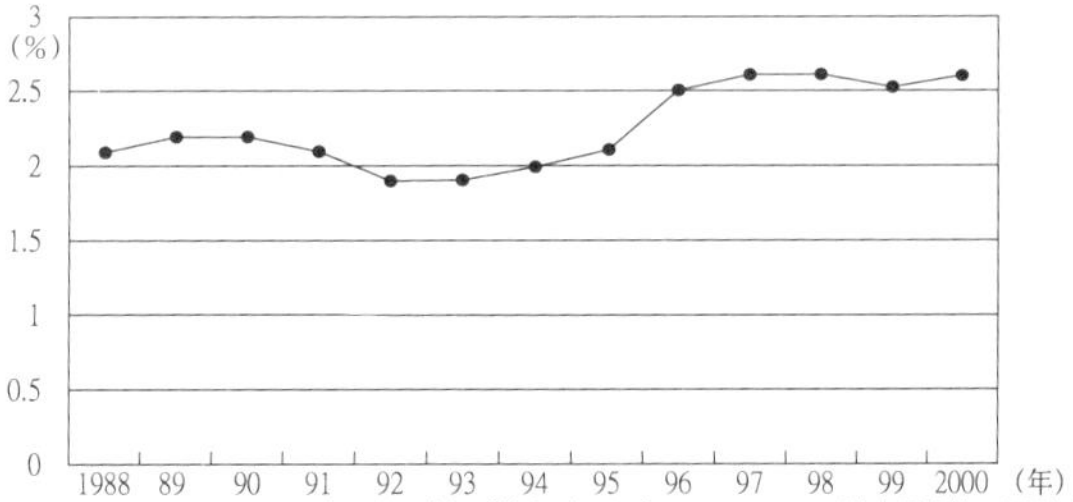

（1997年までについては赤尾勝己他編『教育データブック2000—2001』（時事通信社、2000年）、1998年以降については文部省調査をもとに作成）

図11　校内暴力の発生学校数と割合（公立学校）

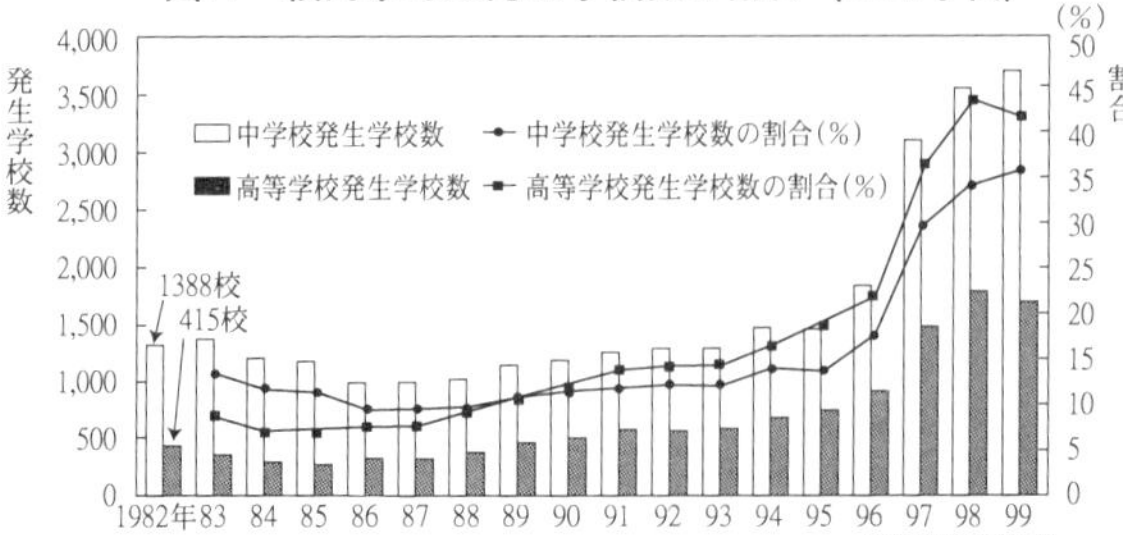

（文部科学省統計）
（藤田、前掲論文より）

によって変化が大きすぎるために、ここでは検討の対象から外した)。

一九八九年の学習指導要領改訂以後、「子どもたちの主体的な学習体験」をめざし、「楽しい学校」づくりや「心の教育」を実施しようとしてきた。にもかかわらず、教育問題の解決の兆しは見えない。どんなに控えめに見ても、文部科学省の公式統計からは教育改革のポジティブな成果は見出せないのである。

3 診断と処方箋

このような「事実」を前にしたとき、二つの解釈がありうる。一つは、改革が成果をもたらしていないのは、改革がまだまだ不徹底だとする見方である。もう一つの解釈は、改革の前提である「診断」や対応策自体が誤っているという見方である。前者の立場に立てば、同じ路線に立った改革のより一層の徹底が求められる。他方、後者に立てば、改革の前提自体の再検討が迫られる。

いずれの見方が正しいのか。すぐさま問いかけたいところだが、こうした問いの立て方は必ずしも生産的とはいえない。なぜなら、仮に改革が不徹底なために成果が上がらないのだとしても、不徹底にとどまってしまう原因の中には、現状の教育をどのように診断するかという後者の問題が埋め込まれているからである。別の言い方をすれば、認識（診断）と対処（改革の実施）とは相互に関連をもつものであり、そのいずれか一方だけが誤りであるという見方は皮相に過ぎる、ということである。

改革が意図した通りに行われない理由として、改革の実施過程に埋め込まれた「誤解」や「行き過ぎ」、あるいは反対の「無理解」といった、問題把握のしかたや、現状の教育のとらえ方、方針の理解のしかたなどがある。さらには、改革の実現に必要かつ十分な資源が与えられていないという場合もあるだろう。改革のめざす方向が、理想として正しいと信じられているとしても、その理想を実現するための現実的な手段（実施過程で改革の趣旨を関係者がどのように理解しているか、改革を実現するための人的・物的・時間的・知的な資源が備わっているかなど）が提供されないかぎり、かえってそうした理想を掲げること自体が問題を見えなくさせたり、対応を誤らせたりする場合もある。こうした実施過程に含まれる問題点や限界を解明しないまま、改革の徹底を訴えても、それは掛け声だけに終わるか、かえって思わぬ結果をもたらしかねない。

ふたたび医療のたとえを使えば、診断の正しさ、処方の正しさは、病気の原因の特定のみならず、患者の状態をどのようにみなすかという実態把握とも密接に関係する。病気の原因究明において、たとえ理論的に正しい診断だったとしても、患者の状態を見誤れば、そうした診断に基づく処方は思わぬ結果をもたらしかねない。つまり、誤診かどうかは、患者の全身状態（教育改革でいえば教育の実態）の正しい診断を含めて、はじめて判断できるのである。

さらにいえば、教育改革の方向性は間違っていないというにせよ、間違っていないにもかかわらず、なぜそれが実現しないのかを問うときに、方針の正しさを信じる信念自体が、教育の実態のとらえ方と相互に影響しあい、問題認識を誤らせたり、実態把握を甘くさせたり、より効果的な具体的手段の提示の足かせになるといった場合もあるだろう。

このようなことを含めて、今の日本の教育をとらえ直すためには、改革を導いている教育問題のとらえ方や教育の理想に含まれる論理をとりだし、つぶさに検討してゆくことが必要である。「全身状態」の診断を誤らせ、副作用の強い処方箋をとるに至った「教育改革の幻想」を、まずは議論の俎上に上げるのである。現実を見誤らせる幻想を振り払ったときに、日本の教育と社会の現状に見合った「診断」と「処方」とがほの見えてくる。そう考えるからである。

注1　「学校教育に関する意識調査」（文部省『中等教育資料』一九九九年一月号所載、九二―九九ページ）およ

び深谷昌志著「乱塾のなかの子どもたち」（麻生誠編）『学校ぎらい　勉強ぎらい』所載、福村出版、一九八三年、一七〇—一九二ページ）の表7—6の「全体」の数値による。なお、深谷氏の調査では、文部省の調査とは回答の項目が若干異なるが、カテゴリーの数も同一であり、内容的にも大きく異なるとはいえないので、ここではこうした違いがあることを承知の上で比較した。

注2　二つの県の同一の高校一一校を対象に一九七九年と一九九七年の二度にわたって実施した調査。調査の詳細については、樋田大二郎他編著『高校生文化と進路形成の変容』（学事出版、二〇〇〇年）を参照。

注3　この調査は、学習指導要領の改訂の準備作業としてなされた、調査対象者が四万八〇〇〇人近くに及ぶ文部省自身の正規の調査である。ただし、中学生対象調査の結果については、報告書はなぜか刊行されなかった。

第2章

「ゆとり」と「新しい学力観」「生きる力」の教育

制度改革が必要となるのには、それなりの理由がある。制度を改革しようという場合、通常、解決すべき「問題」があり、原因と見なされる要因を制度レベルで変えないかぎり、その問題が解決できない。そういう因果関係が想定されている。

ここには、問題の認識と、その認識にしたがった原因の除去、ないしは改善という二つのプロセスが含まれる。第1章でも述べたように、医療行為にたとえれば、問題の認識は「診断」であり、その見立てにしたがった問題解決の方法が「処方箋」ということになる。教育改革についても同様に、問題解決の発想に立った因果関係が想定されているはずである。そうだとすれば、問題の診断と処方の決定とが、改革のデザインを決める重要な判断だということになる。

ところで、二〇〇二年からの新しい学習指導要領のもとで実施される教育改革は、問題の診断においても、処方のしかたにおいても、九二年の学習指導要領のもとで進行中の教育改革の延長線上に位置づけられる。その論拠について、この章ではまずその詳細を明らかにする。そのうえで、改革がどのような問題認識（診断）に導かれて、どのような政策を打ち出してきたのか、そこにはどのような問題点と限界があったのかを明らかにする。それによって、二〇〇二年以後にさらなる展開が予定される教育改革の問題点も明確にすることができるだろう。

一九九二年から小中学校で本格実施された現行の学習指導要領の特徴は、次の二つにまとめることができる。すなわち、(1)「ゆとり」のより一層の拡大、(2)「新しい学力観」に基づく授業実践と学習の評価、である。これらの改革がどのような問題認識(診断)を持っており、その診断に基づいてどのような「処方」がとられたのか。そこでの診断と処方の判断について検証していく[注1]。

1 「ゆとり」をめざす教育の問題認識

†有馬元中教審会長・文部大臣の「誤算」

はじめに、「ゆとり」教育の推進における診断と処方の決定について検討しよう。

寺脇氏との対談に引き続き、私は、二〇〇〇年の年頭に同じ雑誌で、有馬朗人元文部大臣と対談をした(『論座』二〇〇〇年三・四月合併号掲載)。有馬氏は、元文部大臣であっただけでなく、その直前までは中央教育審議会会長という立場から、「ゆとり」をめざす教育改革をリードした責任者の一人である。

この対談でひとつの重要な論点が浮かび上がった。それは、文部省(当時)がこれまで進めてきた「ゆとり」をめざす教育改革の成否についての当事者のその後の判断である。

対談の中で、有馬氏は「ゆとり」をめざした真意を表明するとともに、それが実際の学校現場では改革の意図通りには進まなかったことを認め、次のように発言した。

(私が改革で「ゆとり」と「週五日制」導入を主張した――引用者注)その真意を国民とくに親御さんがとってくれなかったこと、あるいは学校の先生がとってくれなかったことが大変残念。中教審ではやたら「個性化」「多様化」の話になるけれど、小学校や中学校は徹底的に基礎基本だと私は言っていたから。ゆとりというのは、遊ぶために与えたものではないのです。(『論座』二〇〇〇年三・四月合併号、七三ページ)

「ゆとりというのは、遊ぶために与えたものではないのです」との発言に見られるように、なるほど、改革の立案者たちにとってみれば、改革の「真意」が親たちにも、学校の教師たちにも、その意図通りには受けとめられなかった。そこに誤算があったというのである。

だが、問われるべきは、そうした誤算がなぜ生まれたのか、「真意」がそのまま通じない教育の現実は、どのようなものだったのかという、改革を進める側の意向と現実とのズレであり、そのようなズレを生む改革側の問題認識のありかたである。つまり、誤算を親や教師たちのせいにするのではなく、誤算を生んだ改革の問題認識に目を向けて、検討する必要があるということだ。というのも、親や教育現場に責任を負わせるかぎり、いかなる教育改革もその実現はおぼつかなくなるからである。誤算を生んだ原因を求めないかぎり、新たな改革案も誤算を生み続けるだけである。

†「ゆとり」教育の問題認識のルーツ

それでは、教育に「ゆとり」が必要であると見なす問題認識は、どのような状況を背景に登場したのだろうか。そこにはどのような現状の把握があったのか。そこでまず、教育改革議論において、「ゆとり」をめざす改革の意図がどのようなものであったのかを確認しておきたい。

二〇〇二年の学習指導要領の改訂につながる教育改革案の基本は、学校週五日制と「生きる力」の育成を標榜した第一五期中教審第一次答申に端を発する。中央教育審議会が一九九六年に提出した『二一世紀を展望した我が国の教育の在り方について』の第一次答申には、「子供たちの生活の現状」というタイトルのもとに、「ゆとりのない生活」として、次のような記述がある。

まず、現在の子供たちは、物質的な豊かさや便利さの中で生活する一方で、学校での生活、塾や自宅での勉強にかなりの時間をとられ、睡眠時間が必ずしも十分でないなど、［ゆとり］のない忙しい生活を送っている。そのためか、かなりの子供たちが、休業土曜日の午前中を「ゆっくり休養」する時間に当てている。また、テレビなどマスメディアとの接触にかなりの時間をとり、疑似体験や間接体験が多くなる一方で、生活体験・自然体験が著しく不足し、家事の時間も極端に少ないという状況がうかがえる。

ここに示された、「学校での生活、塾や自宅での勉強にかなりの時間をとられ、睡眠時間が必ずしも十分でないなど、［ゆとり］のない忙しい生活を送っている」という「ゆとり」の欠如の背景には、「過度の受験競争」という認識があった。「過度の受験競争」批判として、答申には次のような表現が見られる。やや長いが、改革の根底にかかわる問題把握を示す部分なので引用する。

子供たちに［ゆとり］を確保し、［生きる力］をはぐくんでいくためには、子供たちがそのような生き方をし得る環境を整えることが必要である。そのためには、本人の努力、家庭教育の在り方、地域社会の環境整備など課題はいろいろあるが、我々は、特に重要な問題として過度の受験競争の緩和があると考えた。

この問題は、いわゆる学(校)歴偏重社会の問題とも関連し、解決策を見出すことの難しい問題である。しかし、幾ら「ゆとり」の確保や「生きる力」の重要性を訴えても、そのような生き方を採ることが難しい事情があるならば、正にそれは画に描いた餅と言わざるを得ない。

過度の受験競争は少子化が進む中で、緩和しつつあるという見方もあるものの、塾通いの増加や受験競争の低年齢化に象徴されるように、大学・高等学校をめぐる受験競争は、多くの子供や親たちを巻き込みつつ、一部の小学生へも波及し、かえって厳しくなっているのが現状と考える。過度の受験競争は、子供たちの生活を多忙なものとし、心の「ゆとり」を奪う、大きな要因となっている。子供たちは、過度の受験勉強に神経をすり減らされ、青少年期にこそ経験することが望まれる様々な生活体験、社会体験、自然体験の機会を十分に持つことができず、精神的に豊かな生活を行うことが困難となっている現状がある。小学生の子供たちなどが、夜遅くまで塾に通うといった事態は、子供の人間形成にとって決して望ましいことではない。

このように〈受験教育→ゆとりの欠如〉という構図が、教育改革の問題認識の中心を占めていた。「過度の受験競争」が「子供たちの生活を多忙なものとし」ているとし、それを印象づけるために「小学生の子供たちなどが、夜遅くまで塾に通うといった事態」が、誰もがイメージしやすい例証・逸話として用いられた。そして、そこから導かれる処方箋として、ゆとりの拡大と、「生きる力」の教育とがめざされたのである。そうした関連は、例えば、第二次答申では、つぎのような学力観の転換の必要性として表明されている。

知識量の多寡を専ら重視するような入学者選抜は、子どもたちの学習の在り方を、受験のための知識を詰め込むことに偏らせており、学校生活を含めた子どもの生活に［ゆとり］を与える上で、大きな障害となっている。また、そうした入学者選抜の在り方は、［生きる力］が、学力のみならず豊かな人間性などを包含した総合的な力であるということや、学力観そのものが、単なる知識の量から自ら学び、自ら考える力へと大きく転換していることと、大きな齟齬を生じている。（第一五期中央教育審議会「二一世紀を展望した我が国の教育の在り方について」第二次答申、一九九七年六月）

つまり、「単なる知識の量」を問題とするのではなく、のちに詳しく見るように、すでに「新しい学力観」として提示されていた学力のとらえ方に通底する「自ら学び、自ら考える力」＝「生きる力」の教育をめざすことが、「ゆとり」教育の処方箋であると見なされているのである。

このように、九六年答申とそれに続く九七年の第二次答申を受けて、受験競争の緩和とゆとり教育の一層の拡充策が進められてきた。「ゆとり」を拡大するため、学校五日制への段階的な移行として、一九九二年から月一回、九五年からは月二回の土曜日を休業とする措置が採られ、それに対応して、教育内容の精選も行われた。

なぜ、ゆとりを与えるために、同時に教育内容の削減が行われなければならなかったのか。授業時間と教育内容の削減がめざしてきたのは、「七五三」といわれる、「授業のわからない子ども」への対処であった。「新幹線授業」といわれ、子どもたちの理解度を無視してあまりに多くの内容を「詰め込む」授業。それが、小学校では三割、中学校では五割、高校では七割もの「授業についていけない生徒」をつくりだしている。それを改善することが、「ゆとり」教育のめざすところであった。つまり、一九八〇年実施の学習指導要領以来、授業のわからない子どもという問題認識（診断）と、それへの対処（処方）として、教育内容の「精選」が行われてきたのである。そして、二〇〇二年以後、この「ゆとり」路線がさらに徹底されることは、学校週五日制の完全実施とそれに伴う教育内容の「三割削減」の二点だけからみても明らかである。

私との対談の中で、有馬元文部大臣は、「ゆとり」をめざした教育改革の意図について、次のようにも述べている。

私は「ゆとり」を主張した急先鋒だったし、「週五日制」の急先鋒だったんですが、そのきっかけは、子どもが勉強してる知識が十年たつと消えてしまうのはなぜだろうと考えたからなんです。中教審のなかではむしろ私は、「個性化」「多様化」に対してのブレーキ役だった。なぜなら、多様化の前に基礎基本をしっかり教えなければならないから。そのための「ゆとり」が必要と気づいたからです。（中略）

中教審を引き受けたとき、あちこちの小中学校や高校を訪ねてたから、子どもの理科、算数嫌いの話は聞いていた。公式は覚えてるのに、分数の引き算とか割り算には公式がないからできない。そこで私は余裕をもたせて、反復させなきゃいかんと思った。週六日制だと、授業は全部講義になっちゃうから、子どもたちの能力に応じた反復練習ができるようなゆとりがなきゃいけない、と。（『論座』二〇〇〇年三・四月合併号、七二―七三ページ）

教育内容を減らすことによって生まれる「ゆとり」は、学習場面での反復練習を可能にし、学力の定着を図るための手段でもあったというのである。「新幹線授業」や「七五三」問題の解決の手だてとして、「ゆとり」教育の実現がめざされていたことが、この発言からも確認できる。

しかし、すでに第1章で見たように、これまでの内容削減によっては、授業の理解度の改善は見られない。内容を減らしただけでは、ほかの条件がよほど改善されないかぎり、理解度は高まらないのである。

†受験競争の緩和としての「ゆとり」

もう一つのねらいは、受験教育の改善であった。中教審は、過度な受験競争を緩和し、「ゆとり」を与えるための手段として、受験科目の削減についても提唱している。九七年の中教審第二次答申は次のようにいう。

子どもたちに必要以上の学習負担を負わせることなく、学校生活における「ゆとり」を確保するためには、学力試験における受験教科・科目数をできるだけ少なくしていくべきである。

その後、一九九九年の中教審答申『初等中等教育と高等教育との接続の改善について』では「学力低下」の声に押されるように、この九七年答申の趣旨は「当然必要な学習負担の軽減までを求めるものではなく、受験教科・科目の削減を一律に求めているものではない」と解釈されることになった。さらに九九年答申では「受験教科・科目を増やす大学があってもよいし、減らす大学があってもよいと考えるべきである」とさえ述べている。つまり、九七年の答申が出されたわずか二年後には、「従来のゆとり路線を微妙に修正するような姿勢」(「日本経済新聞」一九九九年一一月七日付朝刊)と指摘されるような方針だったのだが、ここに引用した文章を文字通り読むかぎり、九七年時点では学力試験の軽減こそが、「ゆとり」教育の眼目であったことは否定できない。「過度の受験競争」こそが、九〇年代後半にいたっても教育問題の「元凶」と見なされていたことの証左である。

それゆえ、過度の受験競争のもう一つの緩和策として注目されたのが、推薦入学の拡大であった。それについては、九七年の中教審第二次答申には、次のような提言が盛り込まれていた。

推薦入学については、選抜方法の多様化や評価尺度の多元化を進める上で、また、初等中等教育の改善の方向を尊重した改善を進める意味でも、極めて有意義であり、過度の受験競争の緩和に大いに資するものである。こうした観点から、推薦入学について、影響力のある特定の大学を含めて、これを実施する大学や学部の増加を図るとともに、入学定員に対する割合の拡大が望まれる。

このように、「過度の受験競争」を教育問題の元凶と見なし、その緩和（＝「ゆとり」）をめざすこと、学力テストによる一面的な評価を弱めることが、これまでの改革の機軸となっていたのである。

†「ゆとり」教育のめざしたもの

以上の検討を経て、「ゆとり」をめざす教育改革が、どのような問題認識に基づき、どのような処方箋を示してきたのかが明らかとなる。第一に、「過度の受験競争」のために、現代の子どもには「ゆとり」が欠如しているという問題認識があった。学校週五日制の導入や教育内容の削減を行ってきたのは、子どもにゆとりを与えることが必要だという認識があったからにほかならない。さらに、そうした改革が「画に描いた餅」にならないように、入試科目の削減策や推薦入試の拡大などの、具体的な受験競争の緩和策も実施に移されていった。

第二に、ゆとりを与えるのは、教える内容を減らすことで、どの生徒にも学力の定着が図れることが期待されていた。第1章で見た寺脇氏の発言やこの章で見た有馬氏の発言にあるように、教育内容を減らすことで、「反復練習ができるように」し、「全員が百点をとれる」ようにすることが、ゆとりある学習と見なされたのである。その意味で、ゆとり教育によって解決すべき対象として、「授業についていけない子ども」の問題があった。そして、それをより徹底させるのが、教育内容の三割削減を見込んだ二〇〇二年からの学習指導要領の改訂だったのである。

第三に、ゆとりや授業理解度の欠如に加え、「意欲」の欠如もまた、教育の問題点として認識されていた。すでに八九年の指導要領の改訂以来、新しい学力観にしたがい、「自ら進んで考え、判断し、自信をもって表現したり、行動したりできる豊かで創造的な能力の育成」が求められてきたのは、その裏返しとして、「知識を一方的に教え込むことになりがちであった」教育を問題ありと見なす認識があったからにほかならない。ここから、「知識を一方的に教え込む」「知識偏重」の教育を改めることで、子どもの学ぶ意欲が向上するという処方箋が描かれた。「新しい学力観」を打ち出した八九年改訂の学習指導要領以来、「生活科」が導入され、体験学習やテーマ学習が推奨されたのも、「知識を一方的に教え込む」教育に対し、児童生徒の「主体的」な活動を学習の中核に置こうとする、教育改革の処方箋の表れであったといえる。

2 「新しい学力観」と「生きる力」の教育

†「新しい学力観」とは何か

ところで、ゆとりをめざす教育は、一九七七年改訂の学習指導要領以来、すでに二〇年近くにわたって実施されてきた。そして、学習指導要領の改訂のたびに、教育内容の精選が行われてきた。もっとも授業時数だけで見れば、八九年改訂の学習指導要領は八〇年から実施されたものと大きくは変わらない。

その一方で、九〇年代に、教育現場を大きく変える改革が登場した。授業時数の変化にもまして、教育の考え方そのものを変えようとする「新しい学力観」と呼ばれる理念の浸透である。

生徒の学習成果を記録する一九九一年の指導要録の改訂を契機に登場した「新しい学力

観」というキャッチフレーズは、その後、小学校を中心に広く学校現場に浸透し、それに見合った授業の導入が行われてきた。この点で、それ以前の学習指導要領とは一線を画す。しかも、この「新しい学力観」に着目する必要があるのは、以下に見るように、それが、二〇〇二年からの学習指導要領と共通の問題認識と対処とを含むからである。

それでは「新しい学力観」とは、どのような考え方であったのか。そこには、どのような教育の問題把握があったのか。また、二〇〇二年からの指導要領と共通するのは、どういう考え方なのか。こうした点について、確認をしていこう。

新しい学力観とは、従来の知識偏重型の教育を改め、「自ら学ぶ意欲と社会の変化に主体的に対応できる能力を育成するとともに、基礎的・基本的な内容を重視し、個性を生かす教育を充実すること」（一九九一年の「小学校及び中学校の指導要録の改善について」（審議のまとめ））を、わかりやすいスローガンとして集約した表現であるといわれる（下村哲夫編著『新しい学力観』ぎょうせい）。

この「自ら学ぶ意欲」の育成をめざして、教師は教え込む指導者ではなく児童生徒の学習の「支援者」であるべきだといった認識や、児童生徒の主体的な学習を促す体験学習などの試みが全国で推奨されてきた。これらの点は、この一〇年ほどの教育雑誌をひもとけば明らかとなる。生徒の学習成果の評価にしても、観点別評価が取り入れられ、「関心・

意欲・態度」を評価することに重きが置かれるようになった。要するに、知識の詰め込みによる受動的な学習ではなく、児童生徒の意欲や興味・関心を高める教育がめざされるようになったのである。

「新しい学力観」という表現は、文部省の雑誌『初等教育資料』の一九九一年三月号の「今月の言葉」に初めて登場し、それをきっかけに教育界に広まったといわれる。その端緒となった文部省小学校教育課程企画官（当時）の高岡浩二氏によれば、新しい学力観とは次のように表現されるものであった。やや長いが、重要な資料なので全文を引用しよう。

> 新学習指導要領に基づいた教育が展開されつつある。
> 新しい教育は、児童一人一人が主体的に生きる資質である、自ら進んで考え、判断し、自信をもって表現したり、行動したりできる豊かで創造的な能力の育成を目指している。このような教育を実現するためには、自ら学ぶ意欲や能力、思考力、判断力、表現力などを育成することを基本とする学力観に立って学習指導を創造する必要がある。
>
> したがって、日々の授業は、児童一人一人が、これまでに経験したり、学んだりしたことなどをもとにして、新しい課題に進んでかかわり、自ら考え判断し表現するこ

とを基軸にして展開される必要がある。また、その過程において新たな知識や技能を自ら獲得するようにし、児童一人一人の思考や判断、表現などの体系の中に組み込まれるようにすることが大切である。

このようにして身に付いた能力は、児童のその後の学習や生活に生きて働く力、すなわち自己実現に役立つ力となる。これを基礎・基本としてとらえ、学習指導を創意工夫することが肝要である。このことによってこそ「基礎・基本の重視」と「個性を生かす教育」とはその本質において同義語となる。

このように、新学習指導要領は、新しい学力観への転換を求めている。

（文部省小学校教育課程企画官・高岡浩二「今月の言葉」『初等教育資料』一九九一年三月号）

ここでのポイントは、「自ら学ぶ意欲」を基軸に、「生きて働く力」となるような能力を「基礎・基本」と解釈し、それによって「個性を生かす教育」と「基礎・基本の重視」とが両立するという見方が示されていることである。ここには、たんなる知識の伝達と習得よりも、のちの「生きる力」に相当する能力を「基礎・基本」と見なす見方が提示されている。つまり、「新しい学力観」の提唱者は、従来の「詰め込み型」の学力を問題と見なし、それに代わって「学習や生活に生きて働く力、すなわち自己実現に役立つ力」をつける必要があるとの教育問題の認識をもっていたのである。

しかも、このように「生きて働く力」を重視するのは、「自ら学ぶ意欲」を子どもたちにつけさせるためでもあった。言い換えれば、それまでの「詰め込み型」の教育のもとで進行した生徒たちの「学習意欲」の低下という問題をも射程に入れていたのである。

†「体験学習・テーマ学習」の実践を提唱

この「新しい学力観」の登場した背景について、それが明らかになった直後に批判的な検討を加えた坂元忠芳氏は次のように指摘した。

> 現象的にみると、機械的な学習——漢字をどんどん詰め込んだり、あるいは、テスト、テストで知識を詰め込んでいくような現在の状況——ではだめなのではないかと、文部省でさえも、かたちのうえではっきりいって出てきたのが「新しい学力観」なのです。
> 現在のような機械的な学習では子どもの学力もつかないし、前章でストレスについて述べたように、子どもの人間形成においても、問題がでてくるというわけです。
> （坂元忠芳『「新しい学力観」の読みかた』旬報社、強調は引用者）

教育学の立場から長年学力の問題を専門的に研究してきた坂元氏が指摘するように、「文部省でさえも」、詰め込み教育に代表される「機械的な学習」の改善をめざして出してきた考え方だったというのである。そして、そのための具体的な処方＝教育実践として、「体験学習」や「テーマ学習・課題探求学習」といった実践が提唱された。体験や活動を通じた学習という考え方は、九二年実施の学習指導要領の表現にも表れていた。ふたたび、坂元氏の指摘を引く。

（学習指導要領で――引用者注）『内容』の示し方について従来の学習指導要領が「理解させる」となっていたものが、「調べることができるようにする」というふうに語尾が「活動を示す表現」に変わってきています（『小学校指導書・理科編』文部省、平成元年六月、四―六ページ）。

このことと関連して、「新しい学力観」に立った授業では、「問題解決活動」をすることが重要であるといわれています。自分なりの予想と解決方法を立案し、観察・実験などをおこなう「問題解決活動」をすることが理科の授業の心髄だというわけです

（角屋重樹文部省教科調査官「理科教育の重点課題と指導のポイント」『新しい学力観読本』教育開発研究所、一九九三年、所収）。（前掲書）

ここでは理科を例にあげているが、坂元氏が指摘するように、学習指導要領の表現の上からも、学習上の力点が、従来の「理解させる」ことから「問題解決活動」へと移ったことがわかる。知識の定着よりも、子どもたちの活動に学習の重点が移る。二〇〇二年からの学習指導要領での「総合的な学習の時間」の導入以前に、すでに九二年から本格的に実施に移された指導要領において体験学習やテーマ学習が提唱されてきたのも、このような学力観を背景にしていたからである。

†九二年の指導要領ですでに提唱

ここに示されている新しい学力観の要素は、二〇〇二年からの学習指導要領の理念と通底するものであることは明らかである。その点は、文部省の担当官自身も認めている。当事者の証言をもとにこの点を確認しておこう。金森越哉小学校課長（当時）は、両者の連続性について、次のように表明している。

中央教育審議会の答申においては、これからの学校教育について、「生きる力」の育成を基本として、知識を一方的に教え込むことになりがちであった教育から、子供たちが自ら学び、自ら考える教育への転換を目指すことが提言されている。

これは、これまで進められてきた、自ら学ぶ意欲や思考力、判断力、表現力などの資質や能力の育成を重視する、いわゆる新しい学力観に立つ教育を一層充実・発展させたものである。

したがって、各学校においては、現行学習指導要領の趣旨を十分生かし、新しい学力観に立つ教育の充実に努めることが肝要である。

(文部省初等中等教育局小学校課長・金森越哉「子供たちが主体的に学び生きる教育を目指して」『初等教育資料』一九九七年四月号、二―五ページ)

ここでも確認できるように、これまでの教育の問題点を、「知識を一方的に教え込むことになりがちであった」ことに求め、その改善をめざすために、「新しい学力観に立つ教育を一層充実・発展させ」ること、「現行学習指導要領の趣旨を十分生かし、新しい学力観に立つ教育の充実に努めること」が強調されている。

文部省の担当者ばかりか、カリキュラム研究の第一人者によっても、新しい学力観の要素が二〇〇二年からの新しい学習指導要領の理念と通底するものであることが表明されている。安彦忠彦氏は次のように言う。

新学習指導要領の学力観は、現行の学力観の延長線にあるもので、かならずしもそれほど「新しい」ものではない。現行の学力観ですでに「新学力観」と呼ばれ、現在、新学習指導要領の学力観の新しさを言う人も、ほとんどみな現行の学習指導要領の「新学力観」を主張・展開した人である。この点からいっても、現行の学習指導要領の示す学力観と明確に質的な違いをもつ学力観であるとはいえない。

（安彦忠彦「学力とは何か」『指導と評価』二〇〇〇年二月号、六ページ）

安彦氏によれば、考え方においての共通性は、「現在、新学習指導要領の学力観の新しさを言う人も、ほとんどみな現行の学習指導要領の『新学力観』を主張・展開した人である」という、二つの指導要領にかかわった人びとの重複にもよっていたというのである。

これまで、「新しい学力観」のもとでの教育問題のとらえ方と、それが二〇〇二年からの学習指導要領の学力観と連続性をもつことについて検討をしてきた。これらの点を確認したのは、第一に今後の教育改革の成否を占ううえで、これまでの学習指導要領でどのような教育が行われてきたのかを見ればよい、という論点を引きだすためであった。二〇〇二年から本格的に実施に移される学習指導要領の学力観が、すでに八九年改訂の学習指導要領のそれと類似のものであるとすれば、この一〇年間の教育の成果を検証することで、今後の教育改革の成否を占う手がかりとなる。しかも第二に、「新しい学力観」については、これまですでにその問題点が専門家によって指摘されてきた。それらを未解決のまま、あるいは十分な検討がないまま、同じ路線を踏襲し、より徹底した学習指導要領が実施されたら、どのような事態が招来するのか。すでに「新しい学力観」の導入の時点で埋め込まれた教育改革の問題点を明らかにすることで、今後の教育改革がもたらすであろう問題点を検討することが可能になるのである。

3 「新しい学力観」の問題点と教育課程審議会

†活動主義の落とし穴

先に引用した、学力問題の専門家、坂元忠芳氏は「新しい学力観」が提唱されたすぐ後に、その考え方に基づく学力観、学習観の転換がはらむ問題点を鋭く指摘していた。ここでは、坂元氏の研究（前掲書）をもとに、「新しい学力観」の問題点を見ていくことにしたい。

坂元氏は、新しい学力観が、考え方としては一九九一年三月に発表された「指導要録の改善に関する調査研究協力者会議」報告書をもとにしていることを指摘したうえで、その特徴を次のようにいう。

結論をいいますと、学ぼうとする「意欲」や「関心」がまずあって、そのつぎに、「思考」や「判断」が働き、その結果として、「知識」や「理解」が獲得されるという、いわば「新しい筋道」が、文部省の「新しい学力観」によって、あらためて強調されるようになったわけです。（前掲書）

図式的に示せば、「意欲」「関心」→「思考」「判断」→その結果としての「知識」「理解」の獲得という「新しい筋道」が示された。しかも、先に見た通り、「意欲」「関心」を育てる方法として「活動」が重視された。そしてそのことは、九二年の指導要領で初めて小学校の低学年に導入された教科、「生活科」（それにともない、一、二年生の理科と社会が廃止された）の考え方に典型的に現れている。坂元氏はさらにいう。

しかし、生活科では、このような活動が科学的認識に発展する部分は、ほとんど問題にされません。もっぱら周囲の状況に順応する「態度」や、身近な動物や植物など、自然とのかかわりに「関心」をもつことが、強調されています。そして学習意欲も、このような活動や体験がつくりだすものだとしています。

これこそ、「関心」「意欲」「態度」が大事で、「知識」や「技術」などは二の次だという「新しい学力」の考え方への転換の大きなバネとなっているものです。この点が、生活科が「新しい学力観」をもっとも典型的に具体化している証拠だといえるでしょう。（前掲書）

二〇〇二年実施の学習指導要領の問題点として指摘されている、「知識」や「技術」の軽視といった論点は、すでに九二年実施の指導要領の問題点として、一〇年近く前に専門家からの指摘を受けていたのである。

活動や体験の重視が、知識の軽視につながるという点は、生活科だけにとどまらない。

坂元氏は、千葉県の教育委員会が主催した理科の公開授業での「溶解」の学習を例に、次のような報告をしている。

食塩を金槌でこまかく砕いて溶かす子、ハンカチの上に食塩を一生懸命にこすりつけて粒をこまかくしている子、ビーカーに水を入れてガラス棒でかきまわしている子、水の中に食塩を入れて、ただ何もしないで眺めている子、（中略）子どもたちの思いつくままの活動が展開されていたといいます。活動すること自体が目的になりますから、これでいいことになります。こういう学習をいくらくりかえしても、溶けるとはどういうことなのかという基礎・基本を、すべての子どもたちに獲得させることはできません。（前掲書）

このような授業で、教師の役割は「指導」ではなくなる。子どもたちの活動こそが、学習において重視されるからである。その結果、坂元氏がいうように、「だから、このような活動や体験を重視する考え方からすると、極端にいえば、先生は『指導』してはいけない、じっと生徒の活動をみていればいい、ということになる」（前掲書）。そして、極端なケースとして、「千葉のある学校では、『自主自立』を標榜した生活科で、教師が口を出すことはご法度であり、もっぱら生徒の活動を見守ることが強調されています」ということにさえなる（その証拠として坂元氏は「千葉県の教育現場から」『理科教室』一九九三年八月号を引用している）。子どもの自主性を重視するあまり、教師による指導が欠如し、子どもの活動の結果が、どのような「知識」や「技術」を身につけさせているのかにまで目が行かなくなる――こうした問題点が、すでに「新しい学力観」の導入期に指摘されていたのである。

†学習効果の格差拡大も「個性」

しかも、このような学習観・学力観の転換は、生徒の間の学習経験を多様にせざるをえない。その結果、知識や技術の獲得の点での格差拡大が懸念される。だが、そうした懸念に対しても、新しい学力観の提唱者たちは、「基礎的・基本的内容の学習」を、「すべての子に共通であるのではなく、ひとりひとりの人間の成長発達の過程で、その人独自に形成されるべきもの」（山極隆文部省教科調査官〔当時〕「学習指導要領はどう変わるか――観察・実験重視の内容改訂」『理科教育』一九八八年八月号）としてとらえ直そうとしていた（以上も坂元氏の前掲書の指摘による）。つまり、のちの「個性尊重」に通じる、「その人独自に形成されるべきもの」として学習成果の格差を是認してしまう論理が、すでに「新しい学力観」の導入期に織り込まれていたのである。その後問題とされ、拙著『階層化日本と教育危機』でも詳論した、学習成果の格差拡大をも「個性」の一部と見なす見方は、すでにこのときにはらまれていたのである。

以上、坂元忠芳氏の研究によりながら、九二年に学習指導要領が実施された直後に、あらたに導入された「新しい学力観」がどのような問題をはらんでいたのかを見てきた。同様の見解は、ほかの教育学者によっても指摘されていた。

雑誌『現代教育科学』では、一九九四年一月号で、「新学力観は『知識』否定の学力観か」という特集を組み、新学力観を推進する側と批判する側のそれぞれの意見を教科ごとにペアにして掲載した。その中で、たとえば銀林浩氏は、算数教育の場合について、「関心・意欲といったものも、意味の理解を離れて単独であるわけではなかろう。文部省のいうように、知識・理解と対立する形で関心・意欲をとらえようとすると、へたをすると、知識・理解を欠いた意欲、つまり、『やる気』だけがひとり歩きする〈頑張りズム〉になりかねない」と批判する（銀林浩「二重に逆立ちした『新学力観』」）。さらには、「何よりおかしいのは、もともと意欲・関心を引き出すのは教師の役割のはずなのに、それをあたかも生徒の側の特性のようにみなして評価の対象にしているということではあるまいか。どんな課題を投げかけて生徒のやる気をかき立てるかは、まったく教師の側の創意くふうによるものであろう」と、子どもまかせになりがちな新学力観の問題点を指摘した。

また、先にも登場したカリキュラム研究の専門家である安彦忠彦氏は、「『新しい学力観』は一種の反動による産物であり、バランスを欠いたものになっていて当然であろう。一部の人から『知識の理解』が不十分では『思考力・判断力・表現力』の育成は難しいと批判されても仕方がない面がある」と、同じ号の巻頭論文において指摘している（安彦忠彦「基礎学力と新しい学力観はどう関わるか」『現代教育科学』一九九四年一月号、九ページ）。

このように、新しい学力観の問題点は、学習指導要領の実施から数年を経た時点で、すでに専門家からの批判を受けていたのである。ここで、先行する研究の指摘を見ておいたのは、すでに先行研究において、新しい学力観の問題点が指摘されていたことを確認するためだけにとどまらない。これらの研究によって指摘されていた問題点が、二〇〇二年実施の学習指導要領改訂に際し、教育課程審議会などで、どれだけ十分に認識され、問題にされていたのかを検証するための根拠を示すものにもなるのである。

†教育課程審議会の油断

二〇〇二年実施の学習指導要領の改訂の骨格は、一九九八年に答申を出した教育課程審議会によって与えられた。そこで何が議論されたのかを見ることで、私たちは、これまで見てきた「新しい学力観」の問題点が、改革論議の中でどのように認識されていたのかを知ることができる。幸いに、文部科学省のホームページには、当時の審議会の議事要旨

（第七回総会までは要旨のみ公開）および議事録（第八回以後最終の三〇回まで。発言した委員がだれかはわからないが、委員の具体的な発言内容がわかる）が公開されている。そのうちの、総会と初等教育課程分科審議会と中学校教育課程分科審議会のものをすべてコンピュータにダウンロードし、データベースを作成した（テキストファイルで二・六メガバイトにもなる。またA4用紙にプリントすると厚さが七―八センチメートルにもなる）。これによって、教育課程審議会の議事を分析対象にすえることが可能になったのである。

このデータベースをもとに、「新しい学力観」の問題点がどのように議論されたのかを調べると、不思議なことがわかる。合計四〇回を優に超える会合の中で、「新しい学力観」（ないし「新学力観」）という言葉を含む発言の回数はたったの一三しかない。総会の最初の七回分は議事要旨しか公開されていないため、各委員の発言レベルでは発言回数を数えられない。それでも、それ以後の四〇回近い会合の中でテキストファイルにして二・六メガバイトにもなる膨大な発言の記録が残っているにもかかわらず、「新しい学力観」に関する発言（この言葉が発せられた回数）はわずか一三回にとどまるのである。

その内訳を見ると、小学校では「新しい学力観」に基づく教育が広く行われているという認識を示したものが目立つ。たとえば、以下に示すようにである。

小学校では、特に、現在進めている新しい学力観に立つ教育について、保護者の理解が十分でないことが課題である。（第一回総会議事要旨より）

小学校現場では、むしろ子供のよさや可能性を伸ばす評価を心がけ、新しい学力観に立った教育を展開している。（第四回総会議事要旨より）

ここでみるように、小学校では「子供のよさや可能性を伸ばす評価を心がけ、新しい学力観に立った教育を展開している」のだが、そのことが保護者の理解を十分に受けていないことが問題だとの認識が示されている。他方、中学校においては、「新しい学力観について教師自身にも十分な理解が得られていないことが課題である」（第三回総会議事要旨より）というように、小学校に比べ十分浸透していないことを問題視している。

ところが、新しい学力観のもとでどのような教育が行われてきたかについての情報は、あまりにわずかしか示されていない。その中で、注目に値する発言が、第二〇回総会で出される。ある委員が、次のように指摘する。

「現行の考え方をさらに発展させる方向でよいか」ということですが、これでいいのだろうと、私は、直観的には考えるところであります。ただ、私どもに少しデータが

> 少ないように思われるのは、例えば、今回の指導要録、新しい評価観というものをうたい、かつ観点別学習状況を基本とするとあるわけですが、では、これが現状ではどのような効果、もしくは問題点があるのかどうか。そのレビューがもしあるとすれば、ぜひとも提出をしていただきたいと思うところです（強調は引用者による）。

これは、新しい学力観をもとにした「観点別評価」についての議論の場での発言である。この発言に見られるように、議論のベースとして「少しデータが少ない」ことを認めたうえで、「現状ではどのような効果、もしくは問題点があるのかどうか。そのレビューがもしあるとすれば、ぜひとも提出をしていただきたい」と、この委員は発言しているのである。

ところが、この発言に対して、別の委員かあるいは文部省当局からか、次のような「回答」が寄せられる。

> 教育課程の研究指定校などの実践状況を見ますと、全般的には現行の指導要録における評価については、おおむねうまくいっている。むしろ、例えば「関心・意欲・態度」という形で評価をしたり、こういう観点に分けた評価をすることによって、具体

的に子供の発達という状況が把握できるというようなことはあるようです。

このように、研究指定校などの実施状況をもとに、しかも印象的に「おおむねうまくいっている」との発言があるだけである。その後の総会、分科会の議事録をくまなく調べても、より体系的な「レビュー」が提出された形跡は見られない。議事録の公開に際して、それに関する発言を含め、情報を省いたのでないかぎり、「現状ではどのような効果、もしくは問題点があるのかどうか」の十分な検討がなされないまま、「直観的」に考えられた結果、「現行の考え方をさらに発展させる方向」が承認されたことになる。すでに、坂元氏や安彦氏をはじめ少なからぬ専門家から、通常の教育現場において実施に移された「新しい学力観」の実践上の問題点が指摘されていたのは先に見た通りである。にもかかわらず、そうした研究についての言及もまったくない。その結果、審議会の答申においても、問題点についての確認はまったく行われずに終わったのである。いや、むしろ、これまでの「新しい学力観」の理解の不徹底を問題視し、同じ路線をより徹底させることが必要だとの認識が、審議会にはみなぎっていたとさえいえる。

†正当化される「新しい学力観」

研究指定校のように、教師も生徒も新しい実践に前向きの学校での事例だけで、これまで進められてきた「新しい学力観」の成果が評価されるならば、それが一般の学校にまで広がったときに何が起きるのか。一般の学校において行われてきた「新しい学力観」に基づく実践が、坂元氏が例証しているような「先生は『指導』してはいけない、じっと生徒の活動をみていればいい」という形で広まるならば、同じ失敗の繰り返しが「生きる力」の教育においても予見される。十分検討に値する問題点や事例が、既存の研究において指摘されていたにもかかわらず、審議会の議論においては、そうした懸念さえも取り上げられた形跡はまったくなかった。

その結果、「知識」や「技術」の定着が図れなかったとしても、「新しい学力観」のもとでの教育と同様に、「関心」「意欲」「態度」が育てばよい。しかも、大転換ともいえる新しい学力観を基準にすれば、従来型の学力が多少低下しても問題ではないという地点にまで教育課程審議会の議論は進んでいった。そのような審議会の様子を伝えるものとして、次の例を見よう。

審議会の「中間まとめ」の文言をめぐる審議の中で、ある委員が次のような発言をしている。

「高等学校教育の水準が低下すると考える」という表現があるのですが、これはやっぱり「水準が低下する」という表現は除いていただきたいなと思います。例えば「高等学校教育の内容が変わる」というような表現でなければならないのではないかなと。同じようなことが、「従来以上に水準は向上する」というところにもいえますが、「低下」とか「向上」とかいうことではなくて、教育内容が変わるのだということで進んでいく必要があるのではないかなと思っております。

（第九回総会議事録）

「低下」とか「向上」といった上下関係を連想させるような学力のとらえ方ではダメだ。「水準が低下する」ではなく「内容が変わる」のだというのである。ここに示されているのは、過去の教育において定着度として測定できる「知識」や「技術」のように、計量的に――それゆえある意味では上下の関係を含む――教育内容の習得をとらえるのではなく、「新しい学力観」的なものへと内容を変えるのだから、そちらのほうをもっと強調すべきだという意見である。この意見が取り入れられたかどうかはわからないが、結局、中間まとめからも最終答申からも、学力や教育の水準について、「低下」や「向上」といった表現はすべてなくなった。「知識の量」として計量的に測定できる学力のとらえ方を脱しようとする思いが強いあまり、審議会の議論は、すでに専門家から「新しい学力観」において懸念されていた「知識」や「技術」の定着に対する配慮を欠いたまま、その懸念が助長されるような改革提言へと向かうことになったのである。

その結果、知識内容を減らしても、学力は低下しないという、次のような論法まで審議会の場には登場することになった。

知識内容としてかなり減らせると思いますけれども、それが必ずしも教育内容というか水準の低下と同じではないわけで、例えば、算数や数学で言えば、いろいろな計算の全部を知らなくても、ある数学的な原則みたいなことは理解できる部分があるわけですね。ですから、教育の水準をどこに求めるかで、例えば、たくさんいろいろな知識、法則を数多く覚えているということに求めれば、あるいは教育水準は下がるという言い方もあるかもしれませんが、よりもっと基本にある原則を、ある内容を使って、じっくり取り組んで理解するということであれば、むしろ教育水準は維持される。あるいは、むしろ向上する部分もあるというように、もっと積極的に考えてほしいと思いました。

（第十回総会議事録）

なるほど、この主張にも一理ある。しかし、それがどれだけ妥当するかは、すでに実施されてきた「新しい学力観」のもとでの、それも研究指定校のような特別の学校ではない、一般の学校における成果の検討によって検証可能なことであった。学力観を変えてみればそうもいえる、といった「思い込み」の議論では、実践レベルでの問題点をふまえて提唱されてきた「新しい学力観」の落とし穴を見逃すことになる。安彦氏が的確に指摘したように、これまでの「詰め込み教育」への反動は、新しい学力観の提案にとどまらず、それをより徹底させようとした二〇〇二年度実施の学習指導要領の審議の場にも、広く根強く浸透していたのである。

†審議会の報告は「おおむね良好」

これらの議論を経て、教育課程審議会は一九九八年七月二九日に最終答申をまとめた。その報告の中に、それまで実施されてきた学習指導要領についての評価がある。そこには、次のように書かれている。

現行の教育課程実施上の現状と課題については、文部省が平成五年度から平成七年度にかけて実施した「教育課程実施状況に関する総合的調査研究」の調査結果によれば、子どもたちは計算などの技能や文章の読み取りの力、自然事象や社会的事象についての基礎的知識はよく身に付けており、学習に対する関心や意欲も高いという状況が見られる。また、IEA（国際教育到達度評価学会）の国際調査結果によれば、我が国の子どもたちの学力は国際的に見ても高い水準にあることがうかがえる。こうした調査結果のほか、研究指定校等における実践や各種の資料・調査などを含めて総合的にみると、現行の教育課程の下における我が国の子どもたちの学習状況は全体としてはおおむね良好であると言えると思われるものの、次のような問題もある。すなわち、これらの調査等によれば、過度の受験競争の影響もあり多くの知識を詰め込む授業になっていること、時間的にゆとりをもって学習できずに教育内容を十分に理解できない子どもたちが少なくないこと、学習が受け身で覚えることは得意だが、自ら調べ判断し、自分なりの考えをもちそれを表現する力が十分育っていないこと、一つの正答を求めることはできても多角的なものの見方や考え方が十分ではないこと、また、算数・数学や理科の学習について国際比較すると、得点は高いものの、積極的に学習しようとする意欲等が諸外国に比べ高くはないなどの問題である。

審議会での各委員の発言は、このような報告にまとめられた（第1章で紹介した中学生の理科の「教育課程実施状況に関する総合的調査研究」の結果については、一言も言及されていない。過去と同じ問題を用いた比較は、「おおむね良好」とのコメントとともに、「問題なし」とされたのである）。この文章には、坂元氏をはじめとする教育学者たちが指摘していた「新しい学力観」の問題点についての言及や懸念はみじんもない。むしろ、「自ら調べ判断し、自分なりの考えをもちそれを表現する力が十分育っていないこと、一つの正答を求めることはできても多角的なものの見方や考え方が十分ではないこと、（中略）積極的に学習しようとする意欲等が諸外国に比べ高くはない」ことが、依然として問題だという現状把握が示されている。審議会も、小学校では十分浸透していると見ていた「新しい学力観」のもとでの改革が本格的に開始されて六年後の時点である。

すでに第1章でもデータを示し、また教育課程審議会の答申でも認められたように、一〇年前の八九年改訂によっては、子どもたちの学習意欲の向上を図れなかった。ところが、実証的な研究成果をもとに改革の問題点を改善しようとするのではなく、十分なレビューも行わずに、「直観的」な判断をもとに、意図通りの結果が得られなかったのは改革が徹底していなかったからだ、との診断が下された。詰め込み教育という闇への反動から生まれた理想の光は、足下の現実を十分照らし出すことをできないまま、新たな理想として、さらに光を増していったのである。審議会の委員さえとらえて離さない教育問題の「常識」的な見方によって、理想の限界と問題点をとらえ直す機会は、あらかじめ封印されていたのである。

注1　なお、本書で詳細に取り上げる余裕はないが、現行の学習指導要領のもうひとつの特徴は、中等教育レベルでの必修科目の削減・選択科目の拡大を定着させた点であった。荒井克弘氏が指摘するように、高校レベルでの科目選択制の拡大は、「必修科目を消化しきれない生徒への配慮」のもと、「授業についていけない生徒の救済」をめざすものであった（荒井克弘「大学入学者選抜」『高等教育研究紀要』第一七号「高等教育ユニバーサル化の衝撃［1］」高等教育研究所、一九九九年、一〇三ページ）。そして、新しい学習指導要領のもとでは、この選択制の考え方は、中学校でもこれまで以上に拡大されることになっている。科目選択制の拡大の導入もまた、この「意欲」の問題と結びついている。さらにいえば、二〇〇二年からの学習指導要領の改訂の基礎となった教育課程審議会の答申においても、「児童生徒がその興味・関心に応じ、選択できる幅を広げ」ることが提唱されている。要するに、「新しい学力観」に対応するように、生徒の「意欲」や興味・関心を基軸に選択制を強めることによって、「必修科目を消化しきれない」「授業についていけない生徒の救済」を、高校でも中学校でも一層重視していこうというのである。

第3章

「ゆとり」のゆくえ
——学習時間の戦後小史

第2章の前半で検討したように、文部(科学)省が「ゆとり」教育を推し進めてきた背景には、「過度の受験競争」が子どもたちのゆとりを奪っている、との問題認識があった。また第2章の後半では、「新しい学力観」の問題点が、教育課程審議会の場では十分議論されないまま、その延長線上に位置する「生きる力」の育成をめざす教育課程がつくられていったこと、その理想が「過度の受験競争」下の「多くの知識を詰め込む授業」への反動に支えられていたこと、そしてそれゆえに、理想が実行に移される際の問題点が死角に入ってしまったことを指摘した。この章では、これらを受けて、学習時間の戦後の変遷史を題材《テーマ》に、次の三つの課題を設定する。

第一に、ゆとり教育が推進されてきた時期に、子どもたちがどれだけ学習に追いまくられていたのかという、「ゆとりの欠如」の実態を明らかにする。教育改革の処方箋の基礎となるべき、診断=問題認識がどれだけ正確に実態をとらえていたのかに目を向けるのである。分析の結果、結論を先取りすれば、改革の問題把握とはまったく反対に、子どもたちの学習離れが深刻なほど進んでいたこと、その意味で、改革の診断が誤りであったことが明らかになる。

にもかかわらず、「過度の受験競争」によって子どもたちのゆとりが奪われているといった問題認識が、どうして生まれ、広く支持を受けてきたのか。この章の二番目の課題は、その理由を探るために、もっとも受験競争が激しかったと見られる一九五〇年代末から六〇年代にかけての「入学難」の時代に焦点を当てる。「受験地獄」ともいわれ、国立大学合格者の半数が「浪人」によって占められていた時代の受験生の実態に目を向けることで、「過度の受験競争」のルーツが、実際にはどのようなものであったのかを明らかにする。ここでは、教育改革の路線が決められた一九九〇年代半ばに比べれば、はるかに受験競争が激しかった時代でさえ、当時の実証研究によれば、それを実施した研究者たちの予想を裏切るほど、穏当な受験生活があったことが示される。こうした「暗いはずの過去」に目を向けることで、それよりははるかに受験競争の緩和された現代においても、教育の実態を「過度の受験競争」「知識の詰め込み」として否定的に見なしてしまう私たちの視線の特徴をあぶり出すのが、ここでのねらいである。

そして、第三の課題として、教育改革の基本路線が決められる過程では、ほとんど問題にされることのなかった、子どもたちの学習離れの実態がどのようなものかを分析する。さまざまな調査データを用いて、学習時間の変遷を見たあと、一九七九年と九七年に同一の高校群で行った高校二年生を対象とした調査データにより、どのような生徒の学習離れが進んでいるのかを解明する。「過度の受験競争」がゆとりを奪っているとの認識が支配的であった時期に、どのような高校生が勉強しなくなったのかを、中学時代の成績や、高卒後の進路希望との関係から明らかにするのである。結論を先取りすれば、ここでの分析から、「ゆとり」をめざす教育改革は、皮肉にも、あまり勉強していなかった生徒の学習離れを促し、勉強する生徒としない生徒との格差を拡大していることが示される。「過度の受験競争」のため、どの子どもにもゆとりが奪われているとの誤認のもとで、ゆとりが必要な生徒にはゆとりが与えられず、すでに学習離れを起こしている生徒たちを一層学習から遠ざける結果を生んでいることが明らかとなる。

1　子どもの「ゆとり」は奪われてきたのか

ここに興味深い二つの調査結果がある。ひとつは、日本教職員組合（日教組）が一九四九年に東京で行った中学三年生（両親健在の生徒）対象の調査の結果である。もうひとつは、藤沢市教育文化センターが二〇〇〇年に、やはり中学三年生（市内の公立中学校の全数調査）を対象に行った調査である。いずれも、学校外での学習時間について調べている。

本来、調査地点も方法も、調査項目の示し方も違うこれら二つの調査を比較することには、厳密な意味では問題がある。それでも、ここでこうした比較を行うのは、これら二つの調査から抜き出した数字を並べてみることで、今の私たちから見ると、「意外な事実」

が浮かび上がってくるからである。

図12は、これら二つの調査から、学校外でほとんど勉強しない生徒の割合と、一九四九年の東京調査では「三時間以上勉強する」生徒、二〇〇〇年の藤沢調査では「二時間以上勉強する」生徒とを比較したものである。この図からわかるように、ほとんど勉強しない生徒の割合は、一九四九年と二〇〇〇年とで大きな違いがない。いずれも一〇%を少し超えるくらいである。ところが、たくさん勉強する生徒に着目すると、「三時間以上」という、より厳しい基準を設けているにもかかわらず、一九四九年の東京調査のほうが、よく勉強する生徒が多いという結果を読み取ることができる（東京都一九四九年＝一九・九%、藤沢市二〇〇〇年＝一三・八%）。先に「意外な事実」といったのは、今の中学生のほうが、終戦後の一九四九年の中学生よりも、全般的に学校外での学習時間が少ないという結果に驚かされるからである。

今の子どもたちは、「過度の受験競争」に追われて、「ゆとり」をなくしている。「過度の受験競争」が子どものゆとりを奪っているという問題認識からすれば、終戦後まもなくのころに比べ、戦後五〇年もたった現在の子どもたちのほうが、さぞかし勉強に忙しいに違いないと思う人は少なくないだろう。ところが、実際に、塾などを含めた学校外での学習時間を調べてみると（一九四九年当時には塾などあろうはずもないが）、今の中学生の学習

図12　中学3年生の学習時間調査の比較

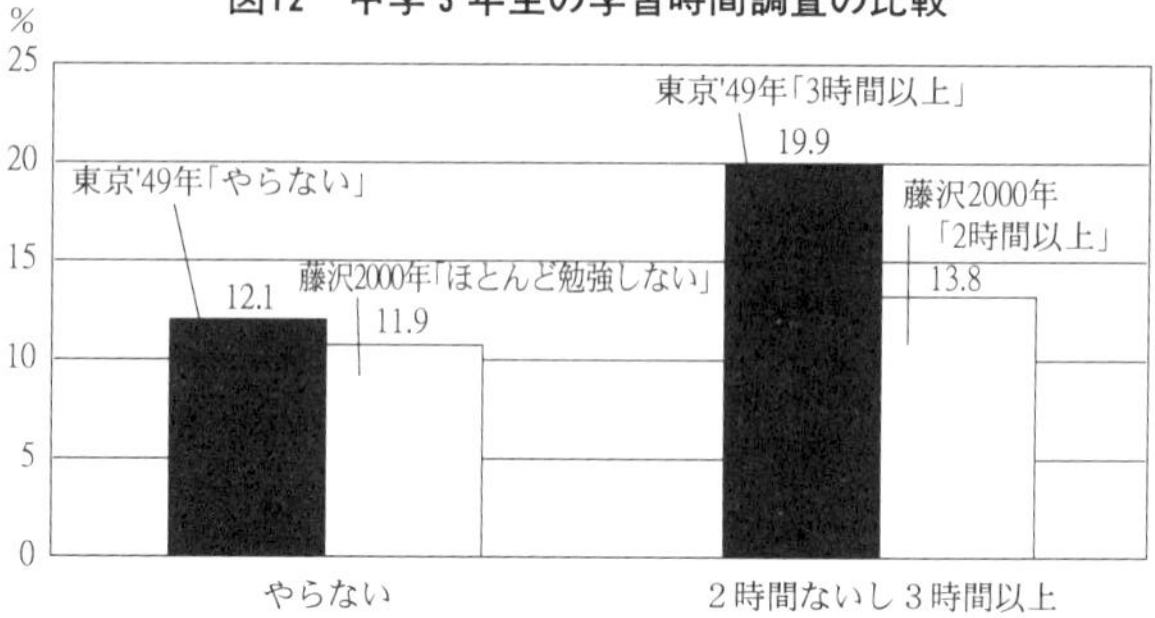

時間は、戦後まもなくのころより少ないとさえいえるのである。こうした比較は、少なくとも学習に費やす時間の面で見るかぎり、今の子どもたちが「ゆとり」をなくしているとの認識の誤りを指摘するものである。

半世紀前の学習離れと「学力低下」

この東京調査は、日教組が昭和二四（一九四九）年一〇月に東京都の五五校の中学生七〇六人を対象に行ったものである［注1］。その結果は、『ありのままの日本教育――一九五〇年教育白書』という本に公表された。

興味深いのは、このような調査を実施した理由である。同書には、次のようにある。

> 試験地獄に悩む子供達を、なんとかして試験の苦しみから脱れさせて、明るい元気のある子供達にしたいといわれたのは、ついこの間のことのようであるが、

今では逆に、不勉強による「学力低下」が問題となっている。

昔、あれほど勉強した子供達は、今は一体どの位、勉強に時間を費しているだろうか。

この記述からも明らかなように、戦前期の「試験地獄」とは対照的に、「不勉強による学力低下」が問題になっている。そういう問題把握のもとに、学習時間の調査が行われた。戦争の傷跡がまだ癒えない四九年当時にあって、戦争がもたらした荒廃が子どもたちの学習環境に与えたダメージはさぞかし大きいものだっただろう。そう考えると、この当時、発足したばかりの日教組が「学力低下」問題をも視野におさめながらこの種の調査を行ったことは、現在の問題を考える私たちにとって大きな意味をもつ。というのも、その半世紀後に、「豊かさ」をきわめた日本の子どもたちが、戦後の混乱期と同じ程度あるいはより少ししか学習しなくなっている事態の意味が、この調査を下敷きにすることで浮かび上がるからである。

若干話は横道にそれるが、もうひとつ興味深いのは、この調査においては、学習時間と親の職業との関係に目が向けられていることである（図13）。先の『ありのままの日本教育』には、この分析結果をもとに次のコメントが付されている。

図13　学習時間と親の職業（%）

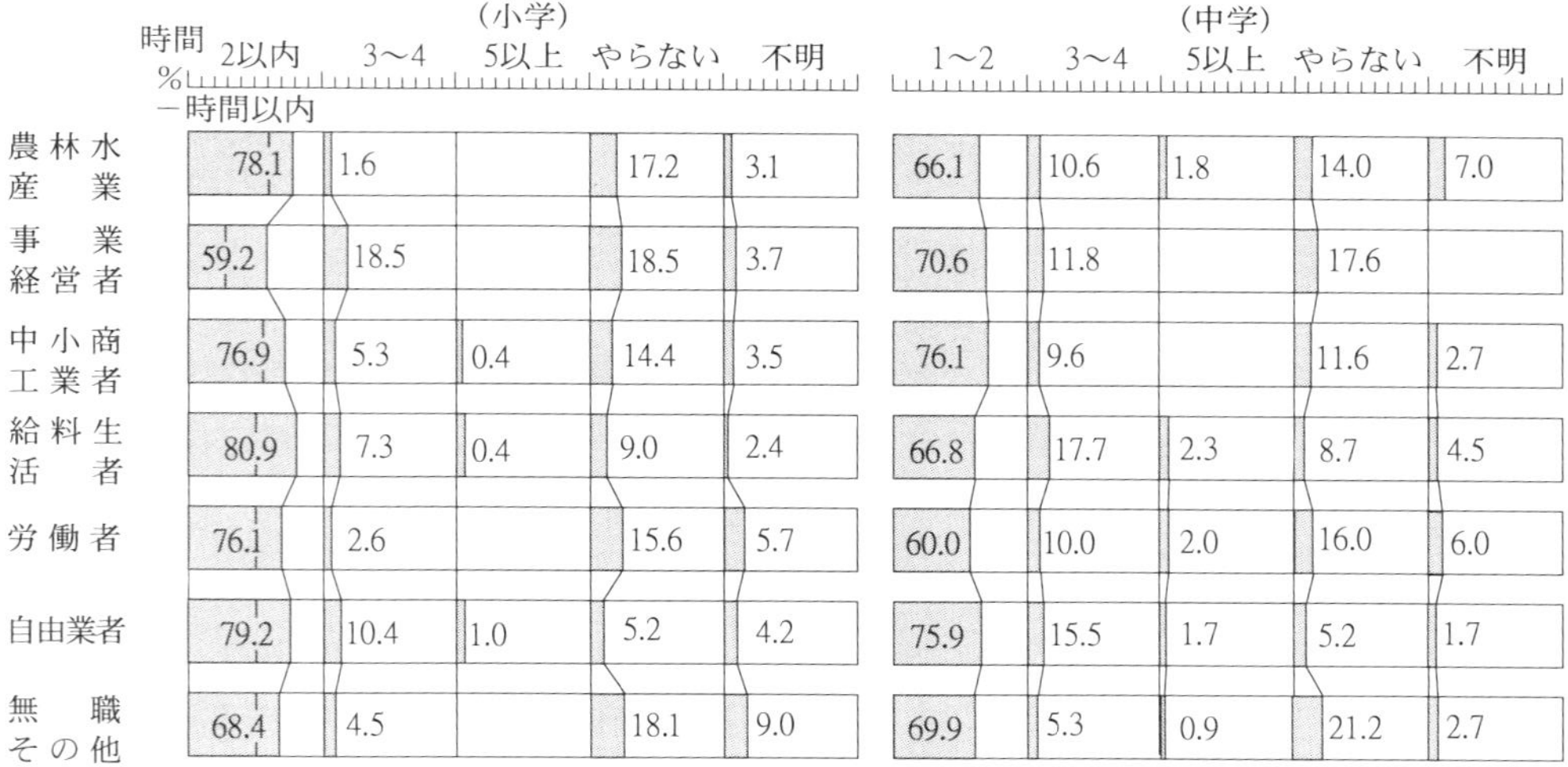

（『ありのままの日本教育—1950年教育白書』より）

「やらない」と答えた者の中、割合の高いものを父兄の職業別、子どもの家庭の環境別にみると、職業別では事業経営者の子が最高で一八・五％、普通勉強しないといわれている農村の子よりも高く、労働者の子はそれほどではないがやはり悪く一五・六（％——引用者注）。つぎが商工業者の子一四・四となっており、住居の条件、地域の環境と密接なつながりをもっていることがわかる。

そして、結論として、

こう考えてくると下町、工場地帯の子供達が、山の手の子供達より、一体に学力その他でおちるのは、むしろあたり前のことで、家の経済的な事情の改善、とくに労働者の生活改善がこれらの子供を救う根本的な方法であることがうなずかれる。

と述べている。社会階層→生活環境→学習時間→学力という関係の連鎖を前提に、学習時間の短い地区で学力の低下が起きていること、そして、それを社会階層の問題と結びつけて認識していることを、この日教組の調査は示している。ここには、現在の「ゆとり」をめぐる問題認識とは異なる問題のとらえ方が示されている。だれにゆとりがないのか、だれが勉強しなくなったのか、という階層間の格差までを問題としている点である（この点については、拙著『階層化日本と教育危機』を参照）。半世紀前の学習離れと「学力低下」の問題認識には、明らかに現在とは異なる視点が含まれていた。今ではそうした問題のとらえ方は、教育改革の議論の俎上にさえのぼらない。

†危惧されていた学力低下

もうひとつ、日教組調査の興味深い点は、学習時間の調査と同時に、国語と算数の学力調査が行われており、そこにおいて、学習離れの実態を反映するものとして、読み書き算を中心に、「学力」の実態が調べられていることである。データの詳細はスペースの関係もあり紹介できないのだが、この学力調査の結果について、『ありのままの日本教育』は次のように記している。

この調査の結果は、一体何をわれわれにしらせているものだろうか。まず第一に子供達の知識の貧困、言いかえれば学力の低下が、世間で問題にされるのも無理はないと考えても差支えないということである。

学習時間の減少、勉強不足という実態の把握とあわせて、読み書き算の基礎的ともいえる「学力」調査が行われ、その結果を「知識の貧困」として嘆く。二〇〇〇年の日本の子どもたちと同程度に「勉強しなくなった」子どもたちが、半世紀前には日教組によってこのように問題にされていたのである。

しかも、この調査に当たった関係者は、当時の教育環境の悪化と「学力」の低下について、次のような認識をもっていた。やや長いが、そのまま引用しよう。

二部授業が行われるようになれば、朝の間の子供達の生活は規則のないダラダラした風になるだろうし、宿題がなくなれば、勉強はしなくてもよいものときめてしまうだろう。

世間が、子供達の学力のことで、大騒ぎしていようと、先生達が、新教育論争で、日をくらしていようと、それが大人達の世界で行われている限り、子供達の間では、問題にもならない。

以前ほど、宿題がなくなった子供達は、ちょうど春先の芽生えのように、彼等の興味のおもむくままに、何でも吸収し、大人達が知らぬ間に知りたいことをつぎつぎとおぼえてゆく。

しかし、大人達は、子供のことでは、やはり熟達した園芸家でなければならぬ。徒長くした枝はドンドン切り落とし、季節々々には肥料を与え、張らすべき根は、十分張らせて置かねばならぬ。

野放しのままの子供達は、ちょうど、手入れのよくない果樹のように貧弱な稔《ママ》りしかできないか、全く無収穫で終ってしまうものである。

子供達の生活が、まだ、直接経験の世界に踏みとどまっているうちはよいが、彼等にも、やがて、生活の限りない広がりと、複雑さの中に、その真の意味をさぐり出さねばならぬ時がくる。その時、彼等のために未知の世界への架け橋となるもの、それは文字にほかならない。（中略）

もし、それらの基礎知識が、しっかりとつかまれていないなら、新しい知識を吸い上げる機能はとまり、子供達の生活を理解する力は、その生《ママ》長をやめ、遂に、将来、社会に生きて行く力さえ、奪い去られる場合もでてくる。

（第2章　子供の学力「まえがき」より）

午前と午後とに分かれて授業が行われるという、今では考えられない「二部授業」の実施に言及されているように、教育環境の客観的な状況も悪化していたのであろう。また、当時は戦後の「新教育」運動のまっただなかでもあった。アメリカ流の「子ども中心主義」の教育が入ってきた中で、おそらくは、教師が宿題を出すことも少なくなったのであろう。子どもたちは「宿題がなくなれば、勉強はしなくてもよいものときめてしまい、「野放しのままの子供達は、ちょうど、手入れのよくない果樹のように貧弱な稔りしかできないか、全く無収穫で終ってしまう」と、危惧されている。アメリカの「子ども中心主義」教育については、第5章で詳しく検討するが、当時の日教組をしても、学習に向けた学校側の要求の弱化が、子どもの「野放し」状態を招き、その結果として学習離れと基礎的知識の欠如をもたらすであろうことが問題とされていたのである。

2 「勉強の時代」の復活——勉強のしすぎはゆとりを奪ったのか

†入学難の時代

しかしながら、勉強離れの時代はそう長くは続かなかった。戦後の復興とともに、教育制度も整備されはじめ、高校進学率が五〇%を超え六〇%に及ぶ一九五〇年代後半から六〇年代初頭になると、ふたたび「受験競争の時代」が戻ってきた。私たちになじみのある

「灰色の受験生活」の復活である。

先の東京での調査が行われた七年後の一九五六年二月（京都市とS町、T村）と八年後の一九五七年七月（神戸市のみ）に、今度は関西地区の中学三年生を対象に行われた学習時間に関する調査がある。この調査は、受験競争の激化が青少年にどのような影響を及ぼしているのかを調べるために、京都大学教育学部の教授たちが実施した調査である。

表2からわかるように、調査地点による差もあるが、家庭での学習時間が一時間未満の生徒は、二―七％程度にすぎない。それに対し、七月に調査が行われた神戸市を除き、三時間以上勉強しているという生徒が五〇―七〇％を占める。先に見た二〇〇〇年の藤沢市の調査で、二時間以上勉強する生徒が一三・八％にすぎなかったことと比べても、さらには一九四九年の日教組の東京調査で、三時間以上勉強する生徒が一九・九％だったことと比べても、五〇年代後半の中学生の学習時間が長いことがわかる。

この結果について、研究者たちは、次のような解説を加えている。

S町男子の場合は、「四時間以上五時間未満」の方が「三時間以上四時間未満」より更に一人多い。S町とT村に示されている学習時間数は入試直前期ということを考慮してもなお予期以上に多いものである。（「入学試験制度に関する綜合的研究」『京都大

表 2　学校以外での 1 日平均学習時間（%）

地域	性別	調　査 生徒数	1 時間未満	1 時間以上 2 時間未満	2 時間以上 3 時間未満	3 時間以上 4 時間未満	4 時間以上 5 時間未満	5 時間以上
京都市	男	369	22 (5.9)	60 (16.3)	97 (26.3)	88 (23.8)	64 (17.6)	38 (10.1)
	女	370	15 (4.1)	48 (13.0)	113 (30.5)	79 (21.4)	45 (12.2)	70 (18.8)
神戸市	男	408	30 (7.4)	94 (23.1)	155 (38.0)	86 (21.1)	23 (5.6)	20 (4.8)
	女	359	16 (4.4)	110 (30.6)	126 (35.0)	76 (21.1)	19 (5.3)	12 (3.6)
S町	男	133	6 (4.6)	13 (9.8)	28 (21.2)	29 (21.8)	30 (22.6)	27 (20.2)
	女	132	3 (2.3)	7 (5.3)	29 (21.9)	34 (25.8)	31 (23.5)	26 (21.2)
T村	男	35	0 (0)	1 (2.9)	8 (22.9)	12 (34.3)	10 (20.5)	4 (11.4)
	女	40	0 (0)	1 (2.5)	5 (12.5)	22 (55.0)	7 (17.5)	5 (12.5)

注　進学希望者のみを集計した。カッコ内はパーセント，以下の表も同じ。

表 3　このごろの 1 日平均睡眠時間（昼寝をふくむ）

地域	性別	調　査 生徒数	7 時間未満	7 時間以上 8 時間未満	8 時間以上
京都市	男	369	18 (4.9)	191 (51.8)	160 (43.1)
	女	370	21 (5.7)	183 (49.3)	167 (45.0)
神戸市	男	408	9 (2.2)	307 (75.2)	92 (22.6)
	女	359	21 (5.6)	259 (72.1)	79 (22.3)
S町	男	133	18 (13.5)	76 (57.1)	39 (29.4)
	女	132	16 (12.1)	78 (59.1)	38 (28.8)
T村	男	35	51 (4.3)	26 (74.3)	4 (11.4)
	女	40	4 (10.0)	32 (80.0)	4 (10.0)

学教育学部紀要Ⅳ』一九五八年、一六八ページ。一部表現を修正）

この記述からも明らかなように、ここでは、学習時間の少なさではなく、多さが問題とされている。すなわち、日教組の調査からわずか七年を経た時点で、学習時間への注目は、ふたたび「試験地獄に悩む子供達」「昔、あれほど勉強した子供達」の問題にもどっていたのである。

このように、勉強時間だけに注目すると、なるほど「過度の受験競争」がゆとりを奪うといった「暗い過去」が実際にあったかのように見える。ところが、勉強時間以外の面に目を向けると、様相が違ってくる。

そもそもこの調査のねらいは、「できるかぎりインテンシブに中学三年生の生活そのものを調べ、義務教育場面における受験準備のための、生活上・心理上の『ひずみ』といったものを明かにしようとつとめ」（同書、九四ページ）ることにあった。ところが、学習時間以外のことを調べていくと、同じ調査が、受験競争のゆがみは大きいはずだという研究者たちの予想を裏切る結果を見いだしてしまうのである。

表3―7は、この調査から、受験期にある中学三年生の生活の諸側面について示したものである。表3で睡眠時間を見ると、ほとんどの受験生が七時間以上の睡眠をとっている

表 4　進学準備が自分の健康に影響していると思いますか

地域	性別	調査生徒数	あまり影響していないと思う	少し影響していると思う	ひじょうに影響していると思う	はっきりわからない
京都市	男	369	179 (48.5)	109 (29.5)	19 (5.1)	62 (26.9)
	女	370	185 (50.0)	112 (30.3)	18 (4.9)	55 (14.8)
神戸市	男	408	288 (70.6)	69 (16.9)	9 (2.2)	42 (10.3)
	女	359	232 (64.6)	84 (23.4)	7 (1.9)	36 (10.0)
S町	男	133	84 (63.2)	28 (21.1)	4 (3.0)	18 (12.7)
	女	132	63 (47.7)	44 (33.3)	5 (3.8)	20 (15.2)
T村	男	35	20 (57.1)	6 (17.1)	1 (2.9)	8 (22.9)
	女	40	17 (42.5)	16 (40.0)	1 (2.4)	6 (15.1)

表 5　進学準備のために何となくいらいらしていないですか

地域	性別	調査生徒数	いらいらしていない	少しいらいらしている	ひじょうにいらいらしている	はっきりわからない
京都市	男	369	127 (34.4)	159 (43.1)	43 (11.7)	40 (10.8)
	女	370	71 (19.2)	206 (55.7)	45 (12.2)	47 (12.9)
神戸市	男	408	148 (36.3)	201 (49.3)	24 (5.9)	35 (8.5)
	女	359	67 (18.7)	221 (61.6)	53 (14.8)	18 (4.9)
S町	男	133	38 (28.6)	72 (54.1)	12 (9.0)	12 (8.3)
	女	132	15 (11.4)	76 (57.6)	36 (27.3)	5 (3.7)
T村	男	35	18 (51.4)	11 (31.4)	2 (5.7)	4 (11.5)
	女	40	14 (35.0)	14 (35.0)	8 (20.0)	4 (10.0)

ことがわかる。S町では九割を下回るものの、ほかの地域では九割を超える受験生が七時間以上の睡眠をとっていた。神戸市を除きこの調査は受験直前の二月に行われたものであるが、入試直前の時期でも、睡眠時間が七時間未満の生徒はわずかだったのである。

次に表4から、進学準備が自分の健康に影響しているかどうかの質問への回答を見ると、「少し影響していると思う」と「ひじょうに影響していると思う」の合計は三、四割を占めるものの、「ひじょうに影響していると思う」の回答率は五％以下である。健康への影響はそれほど大きくはない。

表5は、「進学準備のために何となくいらいらしていないですか」への回答である。「ひじょうにいらいらしている」と答えたものは、S町、T村の女子で二割を超えるが、ほかは一割前後にとどまる。表6は、レクリエーションの時間を制限しているかどうかへの回答だが、受験直前の時期であるにもかかわらず、「ひじょうに制限している」との回答は一割にも満たない。最後に、表7より、「進学準備のための学習が毎日の生活のはげみになりますか」への回答を見ると、「大いに」「少し」はげみになるという回答が五―六割に達する。反対に「はげみにならない」の回答は二割前後にとどまる。

数字の解釈によっては、受験のプレッシャーが大きいようにも見えるのだが、分析を行った当時の研究者にとっても、こうした結果は、意外だったようだ。これらの結果から、

表6　進学準備のために自分のレクリエーションの時間を制限していますか

地域	性別	調査生徒数	制限していない	少し制限している	ひじょうに制限している	はっきりわからない
京都市	男	369	115 (31.2)	179 (48.5)	21 (5.6)	54 (14.7)
	女	370	82 (22.2)	187 (50.5)	26 (7.0)	75 (20.3)
神戸市	男	408	138 (33.8)	199 (48.8)	10 (2.5)	61 (14.9)
	女	359	113 (31.5)	177 (49.3)	6 (1.7)	63 (17.5)
S町	男	133	46 (34.6)	63 (47.4)	7 (5.3)	18 (12.7)
	女	132	27 (20.5)	67 (50.8)	9 (6.8)	29 (21.9)
T村	男	35	6 (17.1)	18 (51.4)	2 (5.7)	9 (25.8)
	女	40	16 (40.0)	16 (40.0)	2 (5.0)	6 (15.0)

表7　進学準備のための学習が毎日の生活のはげみになりますか

地域	性別	調査生徒数	大いになる	少しなる	ならない	はっきりわからない
京都市	男	369	68 (18.4)	135 (36.6)	79 (21.4)	87 (23.6)
	女	370	63 (17.0)	138 (37.3)	75 (20.3)	94 (25.4)
神戸市	男	408	36 (8.8)	196 (48.0)	94 (23.0)	82 (20.2)
	女	359	28 (7.8)	149 (41.5)	70 (19.5)	121 (31.2)
S町	男	133	29 (21.1)	46 (34.6)	31 (23.3)	28 (21.0)
	女	132	21 (15.9)	61 (46.2)	19 (14.4)	31 (23.5)
T村	男	35	2 (5.7)	18 (51.4)	4 (11.4)	11 (31.5)
	女	40	16 (40.0)	15 (37.4)	2 (5.0)	7 (17.5)

報告書では次のような結論が述べられている。

　これらの傾向を綜合してみると、高校入試に対する中学三年生の適応態勢に関して或程度の情緒不安定は見られるが極度の緊張はないということができよう。（一七六ページ）

　受験競争が及ぼす「生活上・心理上の『ひずみ』」を明らかにしようとした調査の結果、当時の研究者が下した結論は、「極度の緊張はない」とのことだったのである。

　こうした解釈に異論を挟むこともできるだろう。アンケートで本当に受験のプレッシャーがとらえられるのかという疑問をもつ向きもあろう。しかし、ここで重要なのは、「ひずみ」を探そうとやっきになった当時の研究者たちの目から見て、データから浮かび上がったのは、当の研究者たちにも意外なほど穏当な受験生活の姿であった。後の時代の私たちがどう見るかではなく、当時の研究者たちの目にも、この意外さは印象深かったようだ。

†受験は灰色ではなかった

　以上の調査は、五〇年代後半の中学三年生（つまり高校入試の受験生）を対象にしたものであった。京都大学の報告書には、それとは別に大学入試の受験生についての調査（受験直前の五六年一―三月に行われた）も報告されている。それによると、京都市の予備校生と高校三年生の受験直前のころの学校外での学習時間は、表8のようになる。調査対象者の八割近くが、国公立大学を志願する者に占められているという、まさに受験競争の圧力を最も強く受ける生徒たちが、受験直前のプレッシャーの最も大きなときの状態である。

結果を見ると五時間以上勉強するという高校生が五〇％を超えていた。七時間以上に限っても、三一％に及ぶ。予備校生の場合には、さらに学習時間が多くなっている。これらを見るかぎり、なるほど、国公立大学をめざす受験競争が、受験生の「ゆとり」を奪っていたことが見てとれる。

しかし、受験直前ということもあり、勉強時間こそ五時間以上という者が半数を超えるものの、表9によって睡眠時間を見ると、予備校生で平均六時間四〇分、高校生で七時間五〇分と比較的長くとっている。

また、表10は、睡眠が充分かどうかの質問への回答だが、予備校生で五九％と若干少なくなるものの、高校生では七七％が睡眠は十分と答えている。また、すでに大学に合格した大学生に受験時代を振り返る調査を行ったところ、「受験準備時代に神経衰弱になったことがありますか」の質問に対し、「重いのになった」は二一・七％に過ぎず、七一％は

表 8　あなたの家庭における勉強時間は一日に何時間くらいですか（カッコ内は%，以下同）

対象＼階級	1～2時間	3～4時間	5～6時間	7～8時間	9～10時間	11時間～	無記入	計
予備校生	7 (1.7)	56 (13.4)	118 (28.3)	124 (29.8)	56 (13.4)	34 (8.2)	21 (5.0)	416 (人)
高校生	36 (8.8)	74 (18.0)	76 (18.5)	57 (13.9)	43 (10.5)	30 (7.3)	94 (22.9)	410
合計	43 (5.2)	130 (15.7)	194 (23.5)	181 (21.9)	99 (12.0)	64 (7.7)	115 (13.9)	826

表 9　平均睡眠時間

対象＼時刻	平均就寝時刻	平均起床時刻	平均睡眠時間
予備校生	1時10分	7時50分	6時間40分
高校生	12時40分	8時30分	7時間50分
全	1時 0分	8時10分	7時間10分

表10　あなたの睡眠時間は充分ですか　不足していますか

対象＼選択肢	充分	不足	無記入	計
予備校生	247 (59.4)	155 (37.3)	14 (3.4)	416 (人)
高校生	314 (76.7)	80 (19.5)	16 (3.9)	410
合計	561 (67.9)	235 (28.4)	30 (3.6)	826

表11　受験準備時代にあなたは神経衰弱になったことがありますか

選択肢 / 対象	重いのになった	軽いのになった	そんなことはなかった	無記入	計
大学生	61 (2.7)	580 (25.7)	1597 (70.7)	22 (1.0)	2260 (人)

表12　受験準備時代またはその後にあなたは受験準備が原因と思われる病気になりましたか

選択肢 / 対象	重い病気になった	軽い病気になった	病気にならなかった	無記入	計
大学生	91 (4.0)	388 (17.2)	1765 (78.1)	16 (0.7)	2260 (人)

表13　受験準備時代は人間全体としての成長にとってどのように影響すると思いますか

選択肢 / 対象	プラスになる	プラスにもマイナスにも	マイナスになる	無記入	計
予備校生	201 (48.3)	168 (40.4)	38 (9.1)	9 (2.1)	416 (人)
高校生	143 (34.9)	191 (46.6)	67 (16.3)	9 (2.2)	410
合計	344 (41.6)	359 (43.4)	105 (12.7)	18 (2.2)	826

「そんなことはなかった」と答えている（表11）。表12から、受験準備が原因と思われる病気になったかどうかをたずねた結果でも、「重い病気になった」は四％で、病気にならなかったものが七八％を占めていた。

このような結果を前に、研究者たちはいう。

前述の四当五落は、受験生の全般についていえることではないことがわかる。（一八六ページ）

受験準備中の特定の短い期間には、世上伝えられるような無理な勉強も行われることがあっても、一般的には必要程度の睡眠はとっていると推察される。（一八七ページ）

浪人生活でさえ、本人たちの意識は調査者の予想とは異なっていた。表13に示すように、受験が人間全体としての成長にとって影響するかどうかという質問に対し、調査者たちの予想に反し、とりわけ予備校生で比較的肯定的な回答を示す者が多かったのである。こうした結果をもとに、研究者たちは続けていう。

いわゆる灰色の生活を送っているその当事者である予備校生がもっとも多くこの生活が人生のプラスであると考え、まだ失敗の経験を持たない高校生にマイナスであるとの答えが多いのは、注目すべきであろう。(このような予備校生の意識は苦しい生活を――引用者注)合理化する心理であるとも解される。

ともあれわれわれが問題視している入学難に備えた歪んだ生活のあり方も、当事者およびその父兄およびかつて当事者であった大学生の全般の僅か一割前後を除いては、止むを得ない事情として是認しているのではないかと想像される。(中略)わが国民の順応性の一面として指摘しておきたい。(一八九―一九〇ページ)

新制高校の誕生により、戦前に比べ、大学の受験者数が急速に増大した。それに対し、まだ、大学の増設が進んでいなかった一九五〇年代後半の話である。「入学難の時代」(清水義弘『試験』岩波新書)といわれ、受験競争の激化が「社会問題」視されるようになったこの時代は、図14に示すように、国立大学合格者の半数が浪人経験者であった。東京大学だけに限れば、三分の二が浪人経験者である。入学難と呼ぶにふさわしいこの時代に、受験競争が「ゆがんだ生活」をもたらすであろうことは、自明の問題とみなされていた。だからこそ、ここで紹介したような研究が行われたのである。ところが、実態を調査して

図14　全国立大学と東京大学の入学者構成比率（昭和32年度）

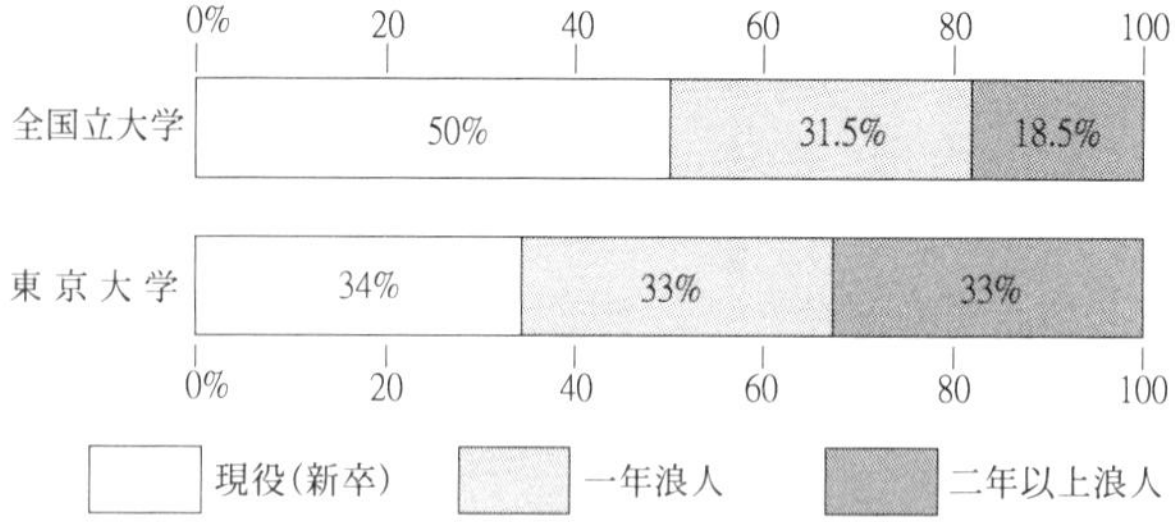

（清水義弘『試験』32ページより引用）

みると、思ったほどのゆがみは発見できなかった。そうした予測と現実との間には、研究者たちが「わが国民の順応性の一面」だといった、やや苦しげな解釈を差し挟むほどのズレがあったのである。

その結果、調査者たちは、次のような結論を下すことになった。

> 多くの受験生および父兄は、われわれが指摘しようとする入試の弊害については、さほど大きな抵抗を示さず、大体において現状をやむをえないことと観念し、あるいは当然のことと是認している傾向が見られる。われわれは、この状況がむしろ憂慮すべきことではないかと思っている。

自分たちの予測のほうが正しく、「弊害」があるはずだという思い込みをもとに、弊害を感じていない受験生や親たちの認識こそを問題にしてしまうのである。それでもさすがに、調査結果から大きくはずれた見解を出すことはできなかったのだろう。報告書には、さらに次のような結論が示されることになる。

> 受験生ことに浪人の生活は、望ましい青年の生活の型と異った生活であることはいうまでもないが、一般に鼓張《ママ》して伝えられている程の無理な生活は、僅少であると思われる。生理的限界を起す過少な睡眠や、常識をこえた長い勉強時間等は、結局、能率を低め競争から落伍する方へ導くからであろう。（同書）

自分たちが調べた調査結果を前に、「一般に誇張して伝えられている程の無理な生活は、僅少である」という結論を下さざるをえなかったのである。

受験と心身の健康

「入学難の時代」に、勉強のしすぎと「ゆとり」との関係を示したもう一つの興味深い調査として、水野忠文氏の研究を見よう。これから見る調査は、京都大学の調査より数年あとの一九五九年に行われたものである。

水野氏は、当時、東京大学教育学部の健康教育学の教授であり、「受験生の健康をめぐる問題」という視点から、大学に入学したばかりの新入生を対象に、受験生時代の弊害について調査を行った（水野忠文「受験生の健康をめぐる問題」『教育の時代』東洋館出版社、一九六三年三月号「特集　入学試験」）。

同じ雑誌に寄稿している教育社会学者の清水義弘氏は、この時期の大学入試問題を「戦前は別として、戦後にこれほどの世人の関心を集めてきた教育問題はない」とさえ述べている（「人材開発と高等教育」『教育の時代』東洋館出版社、一九六三年三月号、一六ページ）。このように社会問題にもなっている「『入試』という灰色の重圧」（水野）への関心から、水野氏は、「健康も発育も受験勉強によってそうとういためつけられるであろう」と予測し、調査を行うに至ったのである。

一九五九年五月に全国三〇大学六〇学部の入学生三〇九五人に対して行った水野氏の調査によれば、表14・15に示すように、受験生時代の睡眠時間は、意外と十分あること（一一二月の受験直前の時期でも八時間前後）、受験生は健康にも留意していること、図15・16より、志望校の決定の時期（三年生の夏休み前＝東大、他の大学はもっと遅く冬休み前が最大値）や受験勉強開始の時期（三年生の夏休み前が最大値）が意外と遅いことなどが示された。

この結果に水野氏は驚き、次のように記している。

結論的にいうとこれは以下で述べるように予想に反して大部分のものは皆七〜八時間位の睡眠をとって入学していて、それは競争の難易に関係がないということがわかっている。

ここでいえることは受験勉強が大変だとしても入学出来たものからみると、決して

表14　1〜2月における大学入学生の睡眠時間の長さ

(単位は時間)

	大学数	ストレート入学者		1浪入学者	
		人数	平均値	人数	平均値
旧7帝大	7	824	7.87	635	8.16
東大[1]	1	108	8.21		
一橋・東工大	2	119	7.87	150	8.18
早・慶大	2	127	8.19	126	8.28
東京の私立10大学	10	640	7.75	380	8.07
教員養成	8	255	7.93	49	7.85
全体	29	1,965	7.86	1,340	8.13
		ストレート・1浪合計3,305人, 平均7.97時間			

摘　要

1　女子学生（12大学）の平均値はストレート7.56時間，1浪7.80時間であった。

2　予備校生（同じ時期に調査した）の平均値は1浪になったもの（228人）7.84時間，2浪になったもの（33人）8.71時間であった。

(1)　この調査は昭和34年度新入生について昭34，4月に調査したものである。

表15　健康注意の程度とその良否の学部間の比較

		旧7帝大工学部入学者（7校303人）	教員養成大学入学者（8校255人）
健康注意の程度	大いに注意した	41.3%	19.9%
	普通程度に注意した	51.3	64.3
	ほとんど注意しない	7.4	15.8
健康状態の良否	良好	29.3	18.2
	普通	67.8	75.9
	不良	3.7	5.9

(昭和34年度入学生について昭34．4調査)

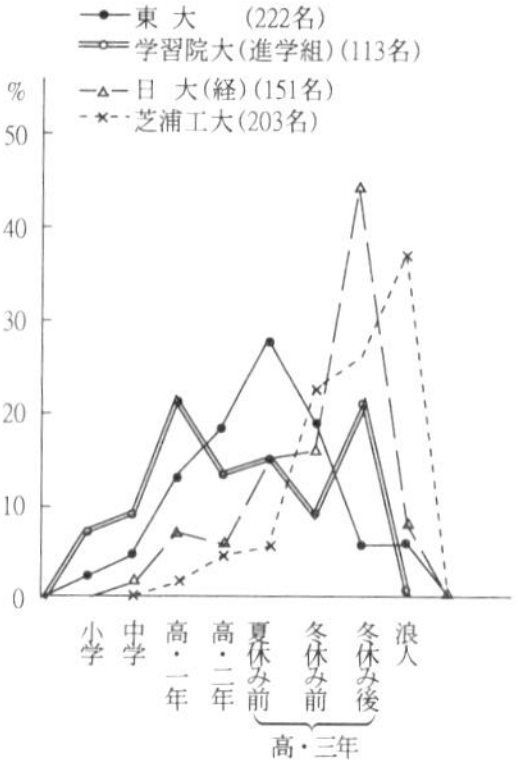

図15 志望大学決定時期（昭和36年度入学生）（学校によって決定時期のはやいおそいがある）

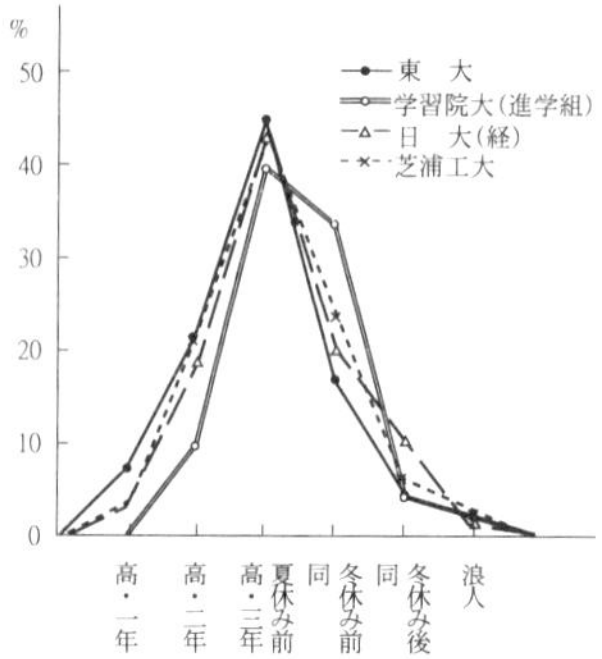

図16 受験勉強開始時期（昭和36年度入学生）

無闇に寝ないでガリ勉をする者が成功しているのではなく、かえって必要なだけの睡眠は正しくとっている者が成功しているということである。だから決して「四当五落」などということが真実ではないことがわかるであろう。（九一―九二ページ）

「灰色の重圧」は少なくとも水野が測定しようとした調査項目で見るかぎり、「予想に反する」ほど弱いものだったのである。

さらに、水野氏は、東京大学の新入生に対しても受験生活の心身への影響についての調査を行っている。ここではデータは省略するが、入試直前の時期について質問したところ、睡眠時間が八時間以上の者がほとんどであったという結果を得ている。

†「狭き門」の実態

たしかに、睡眠時間が十分だからといって、そのことが「ゆとり」の存在を示すわけではない。しかし、この時代は、今よりもはるかに受験競争が激しい時代だった。大学ははるかに「狭き門」であった。そのことの実態を確かめたうえで、これまで見てきた研究が「ゆとり」の議論にとって、どのような意味をもつのかを考える必要がある。

図17は、大学入学志願者のうち、実際に入学できた者の比率がいかに推移したのかを示したものである。ところで、文部省の『学校基本調査』では、高卒過年度生（いわゆる浪人）を含めた大学進学志望者数の実数を一九六四年以前には調べていない。わかるのは大学受験をした延べ数（一人が数校を受験している場合にはすべてカウントされる）である。したがって、「入学難」の時代に、大学が本当にどれだけ「狭き門」であったのかを、志願者の実数を分母に合格者の比率（＝合格率）のような数値で示すことは通常の方法ではできない。

そこで、ここでは、水野氏が全国三〇大学六〇学部の入学生三〇九五人の調査によって明らかにした一人平均一・八七校という受験校数の数字を用いて、一九五九年の受験者数

図17　4年制大学への入学率の推移

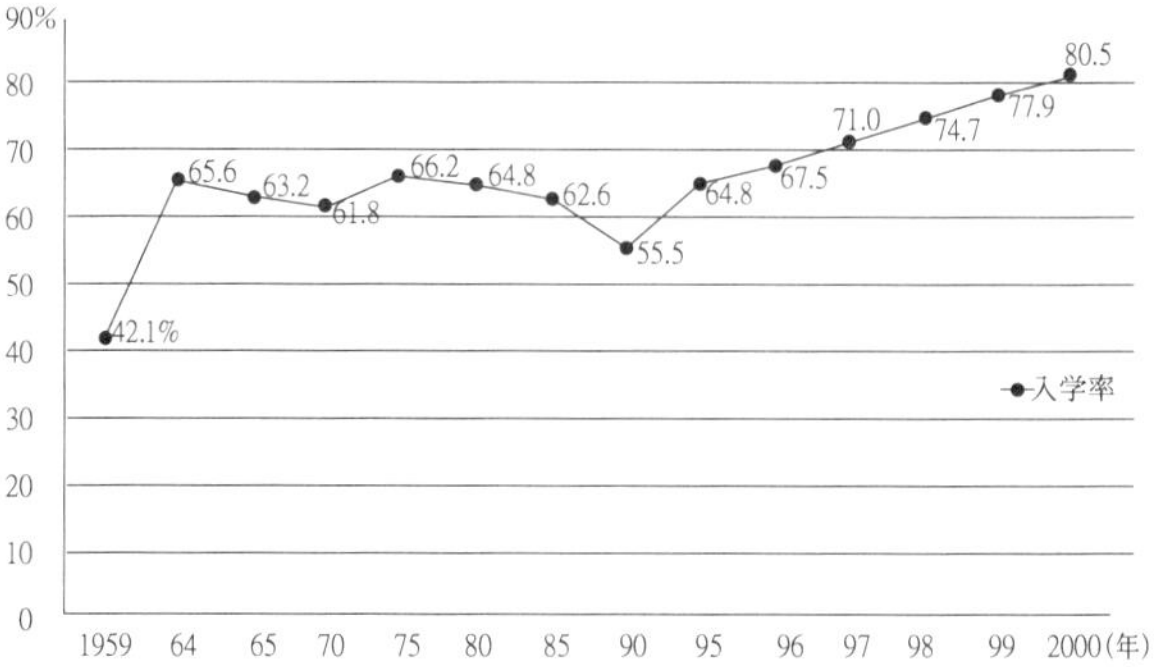

（入学率=入学者総数／過年度生を含む入学志望者数×100）

の実数を推定した。延べ数については文部省の調査からわかり、両者の数字を用いることで推定が可能になる。その結果、一九五九年春の志願者実数は三六万九七〇〇人と推定できる。この年の大学入学者数が一五万五六八六人であったから、これらの数字を使うと、合格率は四二・一%となる。つまり、一九五九年時点では、入学志願者のわずか四割しか大学に入学できなかったのである。図17のグラフの起点はそのようにして推定したものである。

それに対し、一九六四年以後の入学率の数値を見ると、六〇%台前半を推移している。第二次ベビーブーマーが大学に入学した一九九〇年の五五・五%を除けば、ほとんどの期間は六〇%を超えていた。志願者五人のうち三人が不合格になった五九年と比べれば、六四年以後は、ほぼ、三人のうち二人は入学できるようになっていたのである。

しかも、少子化がいわれだした九〇年代後半には、入学率は七〇％台にまではね上がり、二〇〇〇年にはついに八〇％にまで上昇した。これまで見てきた「入学難」の時代に比べれば、入学率という数字の上では、受験競争の圧力はほぼ半減したことになる。「過度な受験競争」を問題視した中央教育審議会（中教審）答申が準備された九〇年代後半は、入学率がすでに七〇％を超えた時期であった。

今よりも数段、受験競争が激しかったころに行われたのが、これまで見てきた京都大学や水野氏による調査であった。なるほど、これだけ「狭き門」であったのなら、当時の研究者たちが、先に見たような問題意識に基づく調査を企画したことが理解できる。ここには、狭き門の実態を目の前にして、「受験競争の弊害」という、誰もが疑わない自明のことがらを問題視しようとする社会の視線の強さが反映している。ところが、これまで見たように、その視線の先には、当時の研究者の予想よりも、ずっと穏当な受験生活の姿があった。そして、そのこと自体、当時の研究者たちを驚かせた事実だったのである。

このような時代背景の違いを考えると、先の調査結果の意味するところが浮かび上がる。「ゆとり教育」の推進・拡大が議論された一九九〇年代後半に比べれば、はるかに受験競争が激しい時代の、しかも入試直前の時期でさえ、受験生の実態は、当時その厳しさを揶揄していわれた「四当五落」というような、身を削られるほどの勉強に取り込まれていたわけではなかった。いずれの調査も、受験競争が、「若者たちの心身をゆがめているはずだ」とする当時の研究者たちの予測を支持する証拠を示すことはできなかった。

たしかに、睡眠時間の長さや、アンケートでとらえられるストレスの少なさといったことからだけでは、「ゆとり」が奪われていなかったということはいえないだろう。やはり激しい受験競争が何らかの弊害を生んでいたのではないか、という思いを否定するには不十分な証拠に見えるかもしれない。それでも、これだけ受験競争の圧力の強かった時代でさえ、実証研究を通じてその弊害を探し出そうとした当時の研究者たちにとっても、その予想がはずれるほど、受験競争の弊害を見出すことは容易ではなかった。印象論ではなく、データに基づいて論じようとした当時の研究者の目から見ても、受験生が「一般に誇張して伝えられている程の無理な生活」を送っている事実を見つけ出すことはできなかったのである。つまり、今の私たちがこれらの調査結果をどう解釈するかでなく、当時の研究者の解釈として、このように見えていたという事実こそが重要なのである。

裏返していえば、これほど「弊害」探しに躍起になるほど、当時も今も、私たちは「受験競争」を罪悪視する見方になじんでいるといえる。とりわけ今より数段「狭き門」であった時代の視線と比べてみることで、それよりはるかに競争がゆるやかになった九〇年代後半の時点で、「過度の受験競争」を問題視する視線の囚われの強さがかえって明らかとなる。今の私たちから見た当時のゆとりの実態についての判断は留保せざるをえないものの、以上の検討から明らかになるのは、過去と現在を通じた私たちの囚われの視線なのである。

もちろん、受験競争の弊害がなかったといいたいのではない。「狭き門」の時代と比べれば、はるかに受験競争が緩和された時代に、私たちは、いまだに「過度の受験競争」が子どものゆとりを奪っている、という問題把握を当然のこととして、教育改革を進めてきた点を確認したいのである。しかも、当時の研究者たちに比べれば、「過度の受験競争」の実態をとらえようとする努力さえ怠って、である。

その後、受験競争は、進学率の上昇とともに、拡大の一途をたどった。一部の人びとの問題にすぎなかった受験競争が大衆化し、より多くの人びとを巻き込むようになったのである。その結果、受験競争を批判する言説も増えてくる。しかし、ここで見たような、受験生活の実態や心身への影響をとらえようとした総合的な実証研究は減っていく。こうした受験の大衆化状況が、「過度の受験競争」という問題のとらえ方を広げる上で一役買ったことは間違いないだろう。客観的に見た生活時間や生活スタイルの上での「ゆとり」の有無ではなく、ほとんどの若者たちが巻き込まれることになった入学試験という「教育問題」の広がりが、多くの人びととの関心事になっていった。問題の深刻さや深さよりも、問題が関心を集める広がりによって、「過度の受験競争」を問題視する視線が強められていったと考えられるのである。

このようにして「受験競争」の暗い過去は、九〇年代後半までの私たちの教育認識を強く縛ることとなった。こうして、受験競争→詰め込み教育（役立たない知識の暗記だけの勉強）→点数による子どもの一面的な評価→成績による序列化や受験によるストレス→教育問題の発生、といった私たちにはなじみのある教育認識がつくられていった。その影が暗ければ暗いほど、受験競争からの訣別をめざす教育改革の理想は輝いて見える。しかも、点数主義の詰め込み教育に対し、子どもの個性や意欲を大切にした教育がめざされるのである。受験生活の実態は、ここで見たように案外に穏当なものだったのだが、日本人の多くをとらえて離さない「受験地獄」のトラウマは、その後の教育改革の理想を手放しで受け入れる土壌を準備したのである。

3　学習時間の変遷

†「勉強しすぎ」から学習離れへ

五〇年代後半から六〇年代初頭にかけて、「入学難」といわれた時代の中学生、高校生たちは、なるほどよく勉強した。それではその後、「過度の受験競争」という囚われの視線からは見えにくくなるなかで、「勉強のしすぎ」という状態は、どのように変わっていったのだろうか。

一九六〇年以後現在にいたるまでの学校外での学習時間の推移を正確にたどれるデータは、残念ながらほとんどない。そのなかで、稀少な情報を提供してくれるのが、本章の冒頭でも紹介した藤沢市教育文化センターの調査である。

この調査は、市内の中学三年生を対象にした悉皆《しっかい》調査であり、一九六五年から五年ごとに行われ、最新の調査は二〇〇〇年に実施された。学校外での学習時間の正確な長さがわかるようには設計されていないが、それでも六〇年代半ば以後の中学生の「勉強のしすぎ」の変化についてはたどることができる。

次の図18は、その結果を示したものである。ここからわかるのは、「毎日二時間以上」勉強しているという生徒が、一九七五年にピークを迎えたあと、多少の振幅をもちながらも、二〇〇〇年までに確実に減少している傾向である。二時間以上と「毎日二時間未満」との合計を見ても、やはりピークは七五年である。このころは七五%を超える中学三年生が毎日勉強をしていた。それが、九五年には四一%にまで減少し、その後若干持ち直した

図18　中学３年生の帰宅後の勉強時間

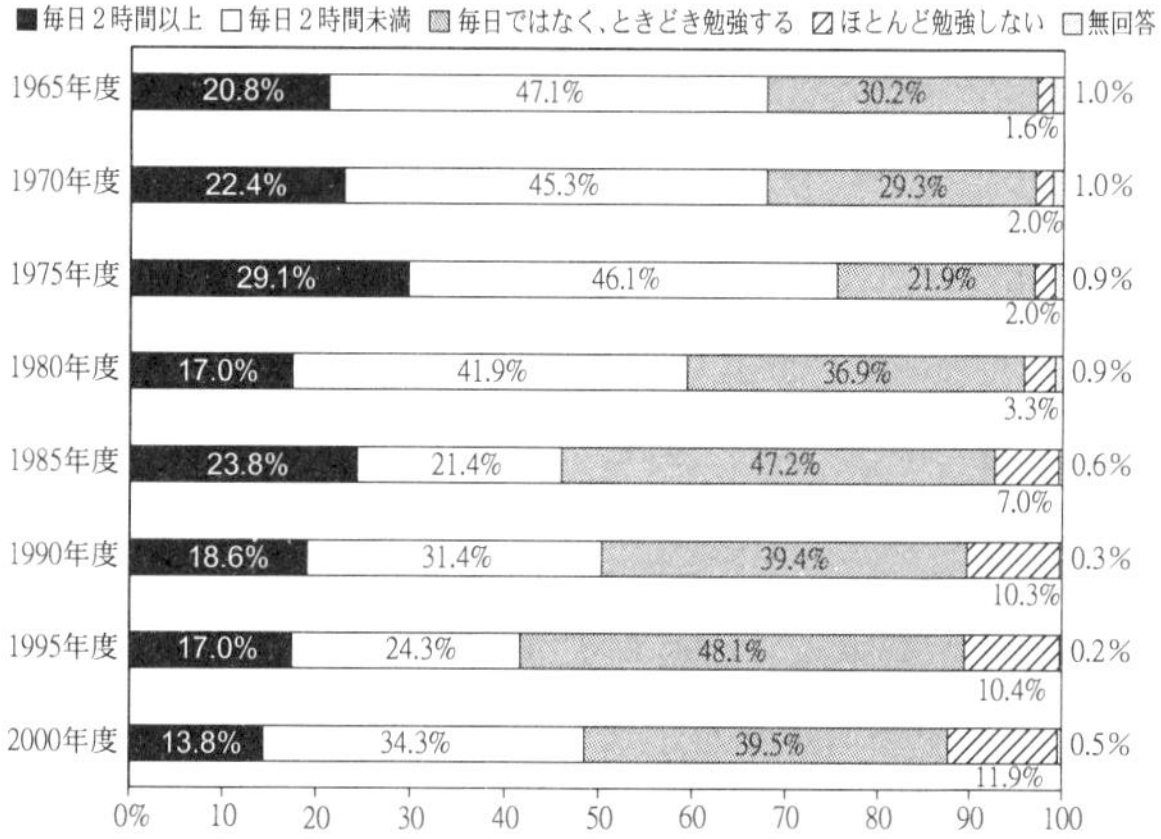

（藤沢市教育文化センターの調査による）

ものの、二〇〇〇年でも四八％にすぎなくなっている。他方、帰宅後にはほとんど勉強しないと回答した生徒は、七五年までは二％以下にすぎなかった。ところがその後徐々に増え続け、二〇〇〇年には一一・九％にまで上昇している。

　藤沢市の調査からわかるのは、なるほど七〇年代までは、よく勉強する生徒が多数を占めていた。しかし、はたしてそれがゆとりを奪うほどの勉強量であったのかどうかは疑問である。二時間以上が二九％に達したとはいえ、大多数は二時間未満にとどまった。調査の方法や時期が異なるとはいえ、京大の教授たちが調査した一九五七年の関西地区の中学生に比べれば、適度な勉強といってもよいだろう。しかし、その程度の勉強量の生徒さえ、その後減少の一途をたどった。そして、増えていったのが、ほとんど勉強しない生徒と、毎日は勉強しない生徒だったのである。

†「ゆとり」と「まったく勉強しない」の関係

一九八〇年代以後になると、全国調査によって、学習時間の変化を見ることができる。表16は、NHK放送文化研究所が五年おきに行っている「国民生活時間調査」の結果から、学校外での学習時間（塾などを含む）の平均時間の変化を示したものである。

一九九五年の調査は、調査方法を変更したため、過去との直接の比較はできないとの注意書きが報告書にはある。したがって、その点を留意して見なければならないのだが、小学校高学年、中学生、高校生、大学生のいずれにおいても、傾向とすれば八〇年以後、学習時間は減り続けている。しかも、勉強を平日に（一日だけでも）少しでもしたという行為者率（表のカッコ内の数字）を見ても、八〇年以後着実に減少している。これら全国的規模での標本調査によっても、学習時間という行動のレベルに見られる「ゆとり」の欠如という傾向は確認できない。むしろ、学習離れの傾向が顕著なのである。

次に、一九九〇年代の変化をより詳しくたどるために、もう一つ別の調査結果を見ておこう。図19は東京都が三年ごとに行っていた大規模な子ども調査の結果から、中学二年生

表16　平日の学校外での「学業」時間の変化

年＼学生	小学生（高学年）	中学生	高校生	大学生
1980	1.19(88%)	2.35（95)	2.57（86)	1.27（53)
85	1.16　(89)	2.22（93)	2.54（87)	1.16（50)
90	1.13　(85)	2.18（87)	2.23（73)	1.00（40)
95	1.09　(84)	2.08（83)	2.32（72)	0.59（36)

（平均時間。カッコ内は勉強した者の%）

の一日あたりの家での勉強時間の平均と、家でまったく勉強しない生徒の割合を一九八三年から九八年まで比べたものである。このグラフから平均（折れ線グラフ）を見ると一九八〇年代にはほとんど変化がなく、九二年に若干上昇し、その後、九八年にかけて急速に減少していることがわかる。家でまったく勉強しなかった生徒の割合（棒グラフ）を見ると、八〇年代を通じて九二年まではほとんど変化がなかったのだが、九二年以後、九五年、九八年と急速な勢いで勉強しない生徒が増えている。

九二年以後の変化は著しい。わずか六年間で家での勉強時間が二〇分以上も減っている。家でまったく勉強しない生徒の比率も、九二年の二七%から九八年の四三%へと急増している。藤沢市の調査と比べても、NHKの調査と比べても、まったく勉強しない生徒が四割を超えるという結果は驚きである。東京という地域の特性もあろうが、調査項目の詳しさや、五年ごとではなく三年ごとの調査だからこそ見えてくる変化でもある。それを見るかぎり、「ゆとり」の拡大は、勉強しすぎの子どもたちを減らしただけにとどまらず、適度に勉強する子どもたちも減らし、まったく勉強しない子どもたちを増やしたのである。しかもこうした変化が、九〇年代を通じて短期間に生じていることに留意する必要がある。

図20は、今度は平均時間を計算して、家での勉強時間に加え、塾での勉強時間、読書時間、テレビを見る時間の変化を示したものである。この図から、図19で見た「ゆとり」がどのような活動に振り向けられたのかを推察することができる。図から明らかなように、九二年から九八年にかけて、家での勉強時間に加え、塾で

図19　中学校２年生・家での勉強時間の推移（東京都）

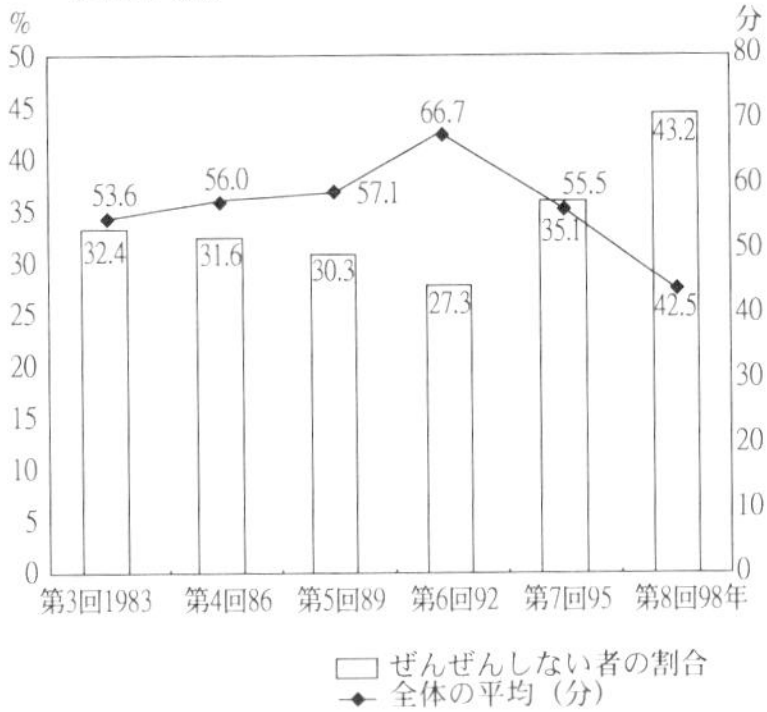

図20　中学校２年生の生活時間の変化

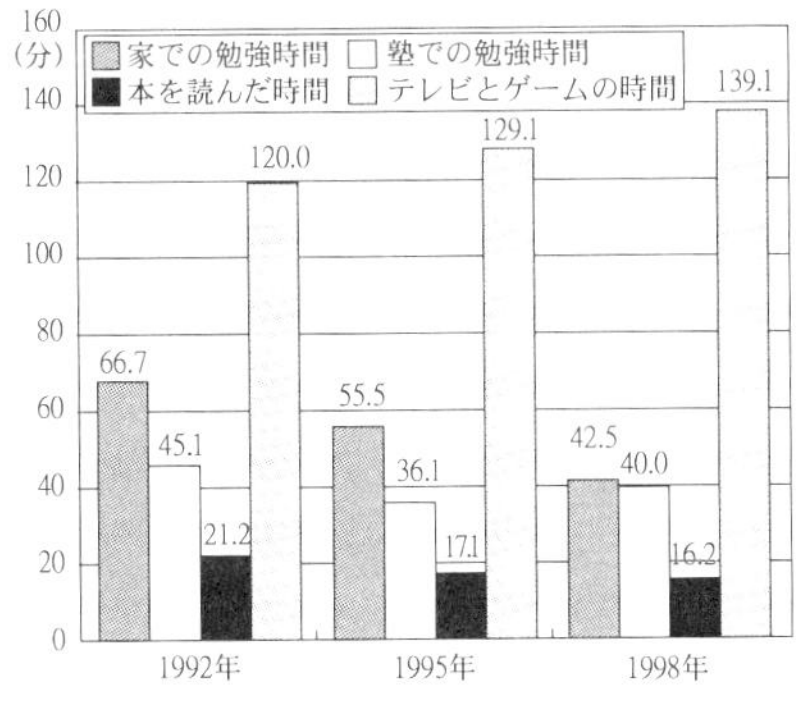

の勉強時間も読書時間も減っている。その代わりに増えたのは、テレビやテレビゲームをする時間である。その増加分は、ほぼ、家での勉強時間の減少分と同量である。なるほど「ゆとり」は与えられた。だが、その余剰時間は、ゆとり教育を推し進めた改革論者の懸念する「テレビなどマスメディアとの接触」にますます振り分けられたのである。

4　ゆとりはどこへ――高校生の勉強時間

†だれの「ゆとり」が増したのか

これまで3節では、学習時間についてのさまざまな調査を比較しながら、戦後の変遷を振り返ってきた。しかし、これまでの検討は、既存の調査をもとにしたものであり、独自の分析を加えることはできなかった。そこで次に、高校生の学校外での学習時間について、私たちが一九七九年と九七年に実施した一一校（同一の学校）の高校二年生を対象にした調査データを分析してみよう。いくつかの要因との関係を調べることで、「ゆとり」教育の下でだれの学習離れが進んだのかが明らかとなる。

図21は、一九七九年と九七年について学校外での学習時間の分布を示したものである。

図21　学校外での学習時間の変化

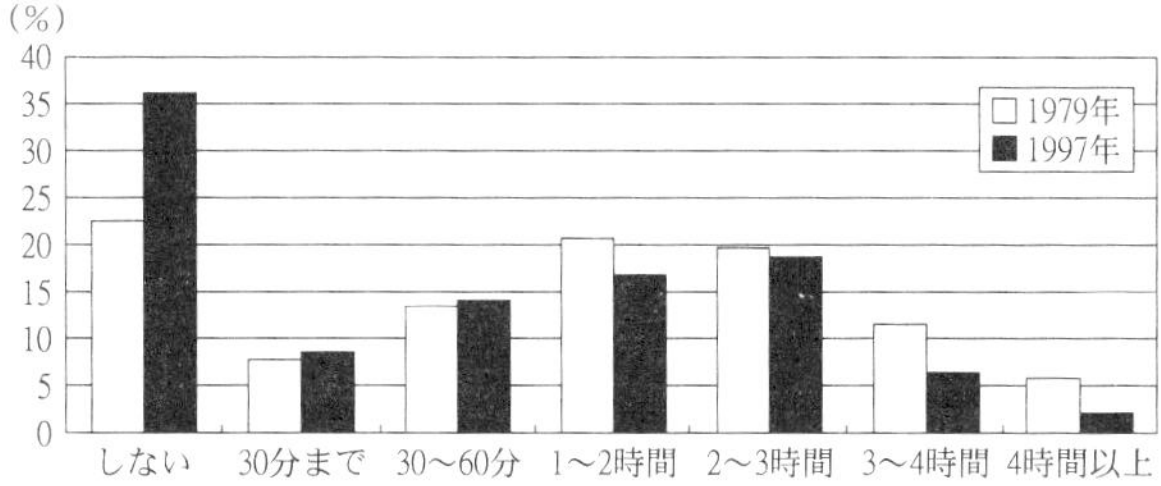

グラフより、学習時間の分布が大きく下方に変化していることがわかる。詳しく見ると、三時間以上勉強したものが一六・八%から八・四%へとほぼ半減している。一日三時間の学習が「過度な負担」だと見れば、そうした生徒が減ったことは、なるほど生徒に「ゆとり」を与えているといえるのかもしれない。しかし、減っているのはそれにとどまらない。一時間から三時間以内の生徒も四〇・二%から三五・〇%へと減少している。すなわち、適度に学習する生徒も減ってしまったのである。代わって、勉強時間が〇分の生徒が二二・三%から三五・四%へと大きく増大した。つまり、学習時間の分布を見るかぎり、過度な勉強はたしかに減ったが、適度に勉強していた生徒も同時に減ってしまい、まったく勉強しない生徒を大きく増やしてしまったのである。

平均値を算出すると、一九七九年には一時間三七分だったものが、九七年には一時間一二分へと二五分間減っている。先に見たＮＨＫ放送文化研究所の調査と同様に、高校生の家での学習時間が減少する傾向が確認できるのである。

全般的に見れば、この一八年間で高校生には以前に比べ「ゆとり」が与えられたといえる。しかし、だれがより勉強しなくなったのか。「ゆとり」はだれにより多く与えられたのか。次に、全体の変化だけでは見えてこない部分を明らかにする必要がある。

そこでまず、中学時代の成績（生徒による自己申告）ごとに、高校二年生時点での学習時間がどのように変化したのかを見てみよう。ここではあわせて、テレビの視聴時間も示した。

図22に示すように、学校外での勉強時間の変化は、中学時代の成績によって大きく異なることがわかる。とくに目を引くのは、中学時代の成績下位者の変化である。平均勉強時間は、七九年の五五分から九七年には二四分へと二〇年間で半減している。成績上位者についても、一三〇分から一〇一分へと三〇分近く減少しているが、減り方の率で見れば、下位者のほうがはるかに大きい。代わってテレビの視聴時間を見ると、成績下位者では一五一分から一九四分へと四〇分以上増えている。他の成績グループより、学習時間が減った分以上にテレビを見るようになった傾向が顕著に現れているのが、これら成績下位の生徒たちである。

次に、学校外でまったく勉強しなかった者の比率の変化を中学時の成績別に示したのが

図23である。ここから歴然とわかるのは、成績下位者の場合、七九年時点では四〇％程度にすぎなかった「まったく勉強しない」生徒が、九七年には七〇％にまで増大していることである。中位者においても、四一％から六一％への増大が見られる。

以上の結果は、ゆとりのゆくえを考えるうえで、重要な情報を提供してくれる。「ゆと

図22　中学時代の成績別にみた勉強時間とテレビ視聴時間の変化（平均、分）

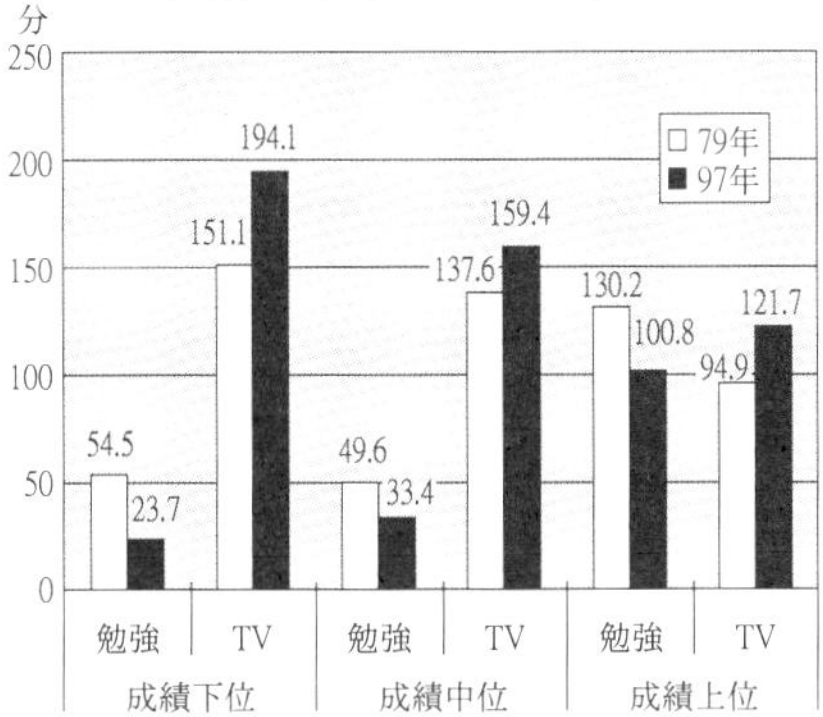

図23　中学時代の成績別にみた「まったく勉強しない」比率の変化

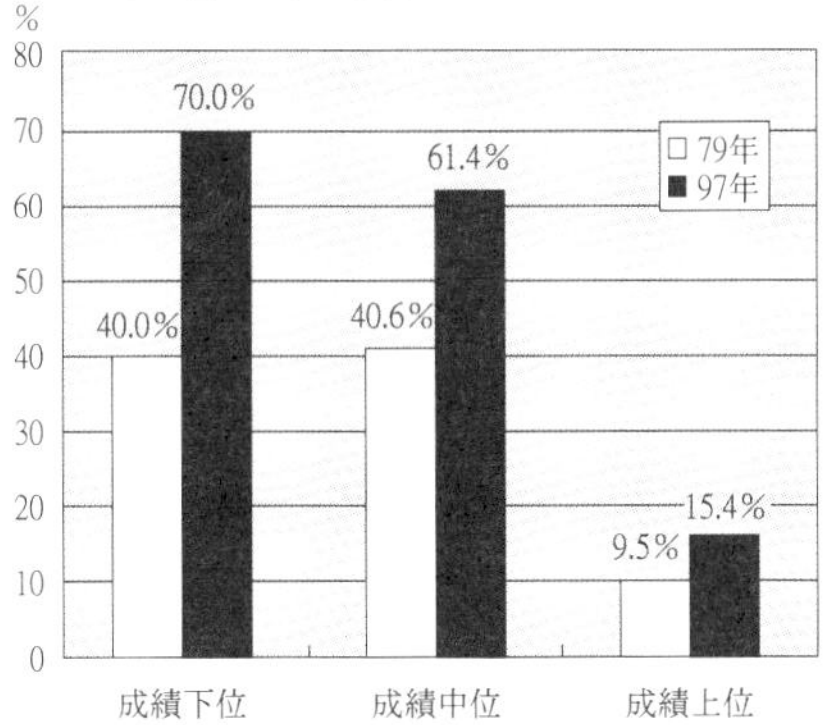

り」教育の推進は、だれにでも均等に「ゆとり」を配分したわけではない。中学時代に成績が下位であった生徒たちが、高校に入学後に学習離れの拡大を引き起こしているのである。より長く勉強していたものが勉強しなくなったのではなく、それ以上に、もともとあまり勉強していなかった生徒たちに——結果的に——「ゆとり」が与えられたのだ。

中学時代に成績が下位であった生徒たちが、義務教育段階で十分な基礎的な知識・技能を身につけることに失敗した生徒たちだとすれば、二〇年以前と比べ、こうした生徒たちが高校に入って、学習に取り組もうとする姿勢が弱体化している傾向は、教育改革の影響を考える場合に、重要な問題をつきつける。「教育内容の削減により、基礎の徹底を図ろう」という、改革担当者の意図を裏切るように、すでに義務教育段階で勉強が不得手だった生徒たちは、高校でも勉強離れの傾向を強めていると考えられるからである。基礎の徹底が必要であるはずの生徒たちに、それだけの基礎が与えられていない可能性が、これらの結果から推測できる。そうだとすれば、これまでの「ゆとり」路線が、改革の意図とは異なる結果を生みだしてきた可能性を否定することはできない。

†進路希望別の変化

これまでは、中学時代の成績という、「過去」との関連で学習時間の変化を見てきた。

それでは、進路希望という「将来」との関係についてはどうなのだろうか。次に、進路希望別の学習時間についても見ておこう（図24）。

この図を見ると、どの進路を希望する生徒でも、おしなべて学校外での学習時間が減少していることがわかる。国公立四年制大学の希望者では、七九年の一四二・三分から九七年には一〇六・八分へと四〇分近く減少している。この間、国公立大学の受験は、五教科七科目を出題していた共通一次試験から、各大学が科目数を定める「アラカルト方式」のセンター試験へと変わった。しかもセンター試験では、入試科目数が大幅に減り、二〇〇〇年度の入試では、入学定員ベースで見ると五教科六科目ないし五教科五科目型が全体の六二・八％、四教科以下が二九・八％と、九割以上の国公立入学者（定員）は、かつての五教科七科目よりも少ない科目負担で入学できるようになっている（河合塾『Guide line』一九九九年十月号）。

図24　高校２年生の学校外での学習時間の変化（進路希望別・平均時間）

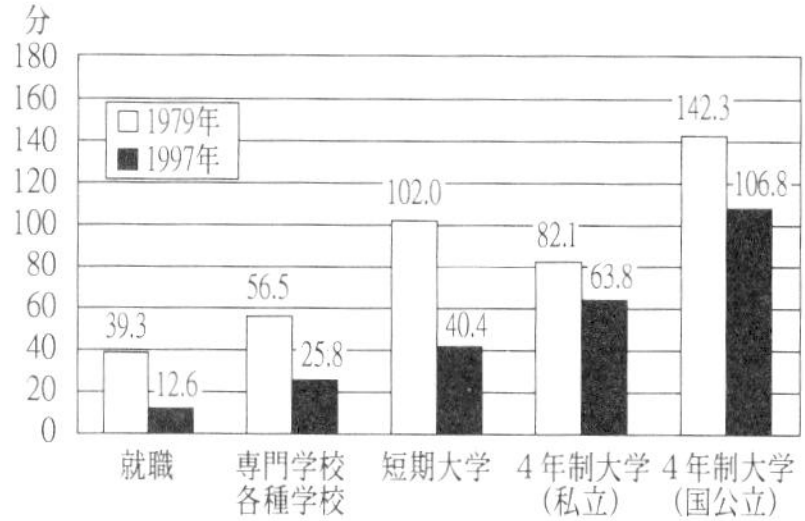

第2章でも見たように、「過度の受験競争」を緩和すべく、中教審は大学受験の負担を軽減してきた。「ゆとり」をもたらす、こうした入試改革の変化を反映して、国公立大学

をめざす高校二年生の学習時間も、七九年に比べ九七年では大きく減少しているのである。

学習時間の減少は、私立四年制大学の希望者にも見られる。私立四年制大学希望者では八二・一分から六三・八分へと減っている。私立大学においても、かつての三教科型の入試から、二教科以下の入試へと受験科目の削減が行われ、加えて、推薦入試などの枠が拡大していることも指摘される（中村高康「推薦入学の現状」『ＩＤＥ 現代の高等教育』二〇〇〇年三月号）。本章の図17でも見たように全体で見るかぎり、四年制大学へは入学しやすくなっている。私立大学希望者における学習時間の減少も、こうした入試の容易化に対応していると見ることができるだろう。

これら二者に比べ、短大の希望者の場合には、学習時間の減少はさらに激しい。七九年には一〇二・〇分勉強していたのが、九七年にはわずか四〇・四分の学習時間へと大きく減少している。この間、短大がほぼ無選抜に近い全入制とも呼べる状態になったことは、つとに指摘される通りである。こうした選抜度の大幅な低下を反映して、短大希望者の学習時間が大きく減少しているのである。

短大に比べ、もともと選抜度がそれほど高くなかった専門学校・各種学校希望者の場合には、学習時間の減少は大きくはない。それでも、五六・五分から二五・八分へと減っていることは、高校生全体の学習時間の減少が、ここでも起こっていることを示すものといえる。

最後に、就職希望者について見ると、ここでも三九・三分から一二・六分へと減少している。進学とは違い、高校卒業後の就職は、求人倍率の大幅な落ち込みを反映して、むしろこの間むずかしくなってきている。にもかかわらず、就職を希望する高校生の学習時間は減っている。かつてに比べ、就職がむずかしくなっているのに、就職を希望する生徒がほとんど勉強しなくなっているのである。

それでは、拡大する推薦入試の影響についてはどうだろうか。九七年調査に加え、九九年に調査対象校を増やして行った調査では、大学進学を希望する場合に、「できれば推薦で進学したい」か否かを質問している。過去との比較はできないが、この質問を用い、推薦入試を希望しているかどうかによって、学校外での学習時間にどのような違いが表れるのかを、進路希望先別に見てみよう（図25）。

この図からわかるように、推薦による進学を希望する生徒の学習時間はどの進路先を見ても、一般入試で進学を希望するものよりも少なくなる。なお、さらにここでは進路希望ごとに重回帰分析という方法を用い、高校のランクや成績、性別といった要因を統計的にコントロールして（つまり統計的にそれらの影響が一定になるとみなして）、推薦希望か否かの独自の影響をみる分析を行った。要するに高校ランクや成績などにかかわらず、推薦入

図25　高校２年生の学校外での学習時間の平均（進路希望・入試別）

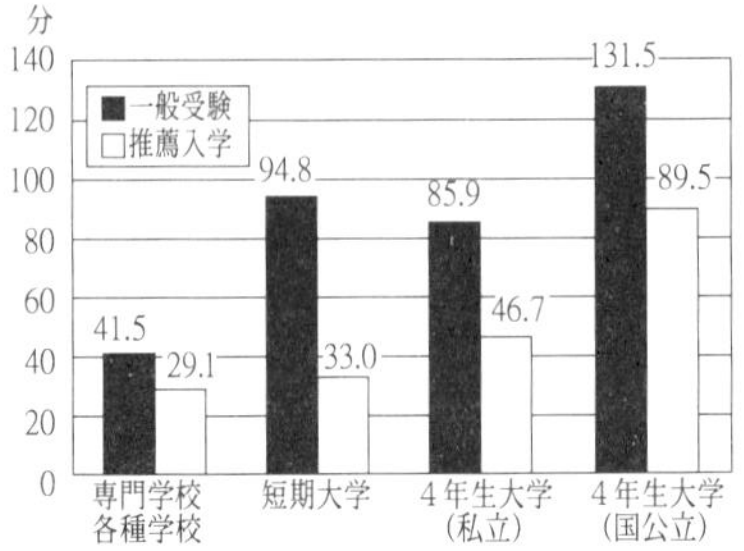

図26　推薦入学希望がもたらす学習時間への影響

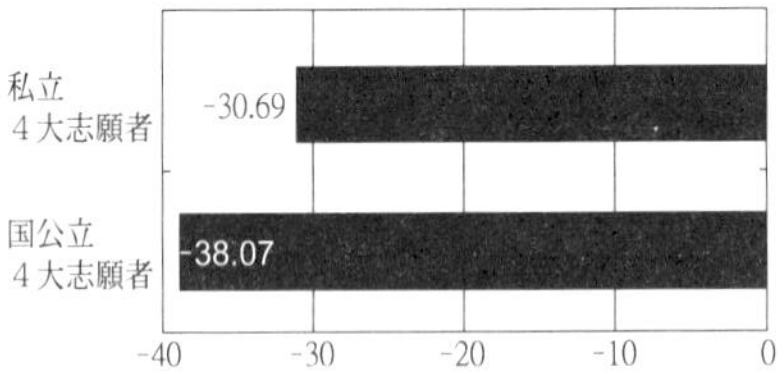

推薦希望によって減少する学校外での学習時間（分）
（高校ランク、性別の統制後の偏回帰係数）

試を希望しているか否かの影響だけをとらえようとしたのである。その結果、国公立志望についても、私大志望についても、いずれも推薦入試を希望する場合に、学習時間を減少させる影響が見られた（図26）。推薦で入学しようと思うことで一日平均三〇分以上、勉強時間が短くなるのである。

推薦入試の拡大が高校生の学習態度に影響を及ぼしていることが確認されたのである。ここから、学習面で見るかぎり、推薦入試は「楽をして」大学に進学しようとする生徒を増やしていると推論することもできるのである。

第2章でも見たように、このような結果は、受験競争の緩和を政策目標に掲げてきた改革にとっては、まさに意図したとおりの成果といえよう。たしかに、試験の点数のみで評価をする入学者選抜方式から、多様な側面を評価する推薦入試へと選抜方法を変えることで、高校生の生活に変化をもたらすことができたからである。学習時間の減少のすべてが、ゆとり教育の推進の結果として生じたものであるのかどうかは不明だが、少なくともここで見た推薦入試に限っては、政策の変更がもたらした成果といえるだろう。こうした変化が、学生たちを受け入れる大学側にとっても、望むべき結果であったかどうかはわからない。しかし、受験の負担の軽減が、高校生の勉強時間を減らすことができたことはたしかなのである。

†受験地獄という「暗い過去」

これまで、この章では、学習時間の変遷を見てきた。先にも述べたように、このような変化が、「ゆとり」教育だけによってもたらされた結果だということは、必ずしも正しくない。推薦入試のように、直接影響を及ぼす要因もあったが、ゆとり教育が学習離れを促したという直接的な証拠を示したわけではないのである。

しかし、これまで見てきた学習離れの実態は、少なくとも、さらなる「ゆとり」の拡大を進めようとしている現在の改革路線に対し、そのそもそもの問題把握が、実態に基づいていなかったということだけはいえる。

もう一度、第一五期中教審答申の「過度の受験競争」批判を見てみよう。そこには「過度の受験競争は、子供たちの生活を多忙なものとし、心の［ゆとり］を奪う、大きな要因となっている」と書いてある。九六年の答申である。これまで見たように、すでにこの時点では、「過度の受験競争」が――一部の者には当てはまったとしても――大多数の中学生、高校生にとっては、ほとんど当てはまらない虚構と化していたのだ。

しかし、こうした単純な事実さえ十分に把握されることはなかった。ここでは紹介しなかったが、いまや国立政策研究所と名称を変えた、文部省管轄下の国立教育研究所でも、学習離れを示す調査報告書が出されていたにもかかわらず、である（第1章で引用した『理数調査報告書』）。むしろ、改革を決めた審議会には、こうした実態に目を向けようとする意図さえなかったと勘ぐりたくなるほどである。

おそらくは、それほどまでに「受験競争の弊害」という問題把握の視線の呪縛が強かったのだろう。「暗い過去」のイメージに囚われていたことが、現実の検証を怠る結果を招いたのだろう。その点では、こうした学習離れに目を向けず、受験競争を一貫して非難してきたマスコミも、世論も、教育研究者も同罪である。

どのような時代にも、少しでも有名な、少しでも威信の高い「有名校」をめざす少数の親や子どもは存在する。かつての東京都の学校群制度の導入が、受験競争の緩和を掲げながらも、実際には、こうした少数の受験志向の強い親や子どもを、私立の中高一貫校に導いてしまったように、ゆとりをめざす教育改革も、ふたたび公立校離れを促しつつある。その結果、皮肉なことに、これら少数の子どもたちにとっては受験の低年齢化が進み、受験競争への関与が強まっている。耳塚寛明氏のいう受験競争の「局所化」である（「少子化社会の到来と学校教育」『季刊子ども学』vol. 18　一九九五年、ベネッセ教育研究所）。他方で、ゆとりをめざす教育は、それ以外の子どもたちには、さらなる学習離れを促す結果を招いている。勉強離れが、成績の下位や中位の生徒で進行しているのはその証拠といえる。このような学習離れの実態が、親の職業や学歴などの階層差を反映したものであることについては、すでに拙著『階層化日本と教育危機』で詳しく分析したところである。

受験地獄という「暗い過去」が、当時の研究者たちから見ても、それほどの闇ではなかったにもかかわらず、実態の把握とは別のところで、私たちは、受験競争を罪悪視する強い視線を保ち続けた。学習離れが深刻化する中でも、「過度の受験競争」が教育を歪めているとの認識が、審議会のみならず、日本社会を覆っていたのである。「ゆとり」をめざす改革の動きとは別様に、公立離れが起こり、公立校に残る生徒たちにはますますの学習離れが進行する。こうした事態を招いたのも、実態を調べようともせず、印象論に基づく受験競争のイメージに囚われていたからではないだろうか。「小学生の子供たちなどが、夜遅くまで塾に通うといった事態」（中教審）といった、私立の中高一貫校をめざす一部の子どもたちのイメージに端《はし》なくも示されたように、どの子どもの問題なのかというカテゴリカルな問題把握の視点をもたず、日本の教育全体を変えようとした診断の甘さは、私たちがもち続けてきた「常識」の反映だったのである。

注1　報告書に「調査の際には、条件がよく似た学校だけにかたよらないように、いいかえれば勤め人の多い地区、商店の多い地区、工場地帯と呼ばれる地区、農業地域という風にできるだけ広範囲にわたるよう学校を選んである」（四ページ）とあるように、東京都内においても、比較的地域性の違いを考慮に入れたサンプリングが行われている。

第4章

「子ども中心主義」教育の幻惑

1 「ゆとり」と「生きる力」をつなぐ論理

居心地のよい学校

二〇〇二年から実施される完全な学校週五日制のもとで、自由で、柔軟で、居心地のよい学校生活のなかで行われる特徴的な教育を発展させ、子どもたちに豊かな人間性の感覚を獲得させ、教育における基礎を確実なものとし、個性を伸張させ、子どもたちが自ら学び考えることを含む、生きることへの熱望を育てることを基本的な目的として、（中略）教育内容の特別の改善が行われました。

ここに掲げたやや生硬な文章は、文部科学省のホームページに記載された、一九九九年度版「教育白書」の英語訳の一節の（苅谷による）直訳である。この箇所に対応する「白書」の日本語原文は、次のとおりである。

今回の新しい学習指導要領は、平成一四年度から実施される完全学校週五日制の下、

「ゆとり」の中で「特色ある教育」を展開し、子どもたちに豊かな人間性や基礎・基本を身に付け、個性を生かし、自ら学び自ら考える力などの［生きる力］を育成することを基本的なねらいとして、（中略）教育内容の具体的な改善を図りました。

ここで注目したいのは、二つの文章に私がつけた強調（傍点）の部分である。日本語原文では「『ゆとり』の中で『特色ある教育』を展開し」の「ゆとり」が、英訳では a liberal, flexible, and comfortable school life（「自由で、柔軟で、居心地のよい学校生活」）と訳されている。ちなみに、「生きる力」は zest for living（「生きることへの熱意」）である。英訳にあたった人は、ずいぶん苦労したのだろう。日本語の原文からは想像しにくい「意訳」によって、英文はかろうじて意味をなしている。

もちろん、ここでは、訳の巧拙を問題にするために「教育白書」の英訳を紹介したのではない。この英訳に端なくも示された、文部科学省の教育改革の基本的前提をとりだし、その問題点を明らかにすることが、ここでのねらいである。

「自由で、柔軟で、居心地のよい学校生活」――「ゆとり」教育の本音を示すこの目標に、異論を唱えることはむずかしい。だが、はたして「自由で、柔軟で、居心地のよい学校生活」がめざされる中で、「子どもたちが自ら学び考えることを含む、生きることへの熱望」

を育てあげることはできるのか。「居心地のよい学校生活」(＝「ゆとり」)と「子どもたちが自ら学び考えること」(＝「生きる力」)とを結びつけているのは、どのような「教育の論理」なのか。そこには、どのような問題が隠されているのか。

この章では、文部科学省の教育改革がよって立つ前提——個性尊重を標榜する「子ども中心主義」の教育——をとりだし、アメリカとの比較社会学的な検討を通じて、その問題点をあぶり出す。

†「子どもが主人公」の教育

周知の通り、新しい学習指導要領がめざす教育改革のねらいは、「ゆとり」と「生きる力」の教育である。そして、それらを実現する目玉として「総合的な学習の時間」の開設が決まっている。以下の議論を先取りすれば、「ゆとり」と「生きる力」と「総合的な学習の時間」の三者をつなぐ教育の論理は、「子ども中心主義」の教育と呼ばれる考え方である。

新指導要領の骨格を決めた一九九八年の教育課程審議会答申には、次の表現がある。

学校は子どもたちにとって伸び伸びと過ごせる楽しい場でなければならない。子どもたちが自分の興味・関心のあることにじっくり取り組めるゆとりがなければならない。

「子どもたちが伸び伸びと過ごせる楽しい場」としての学校とは、文字通り「居心地のよい学校」である。そうした学校は、子どもたち自身の興味と関心にしたがった学習の場であり、それを可能にするためには「ゆとり」が必要である。

それでは、このような「楽しい場」としての学校では、どのような教育がめざされているのか。もうひとつ、教育課程審議会の答申から文章を引こう。

変化の激しいこれからの社会を考えたとき、（中略）多くの知識を教え込むことになりがちであった教育の基調を転換し、学習者である幼児児童生徒の立場に立って、幼児児童生徒に自ら学び自ら考える力を育成することを重視した教育を行うことは極めて重要なことである。そのためには、幼児児童生徒の発達の状況に応じて、知的好奇心・探究心をもって、自ら学ぶ意欲や主体的に学ぶ力を身に付けるとともに、試行錯誤をしながら、自らの力で論理的に考え判断する力、自分の考えや思いを的確に表現する力、問題を発見し解決する能力を育成し、創造性の基礎を培い、社会の変化に主体的に対応し行動できるようにすることを重視した教育活動を積極的に展開していく必要がある。

二〇〇二年からの学習指導要領においては、こうした教育を実現するための目玉として「総合的な学習の時間」の導入が決められている。「ゆとり」と「生きる力」をつなぐ論理の要の位置に総合的な学習があることは、教育課程審議会の委員を務めた永井順國氏の著書（『学校をつくり変える』小学館、一九九九年）の次の引用からも明らかである。

総合的な学習は、これまでの教師主導型の授業から、子どもが主体的に学ぶ参加型の授業への転換を目指している。日本の教師には比較的苦手だった「子どもと共に学び考える」タイプの指導が求められる。言い換えれば、「主旋律をかなでる」子どもの支援者あるいは「伴奏者」としての教師像である。

ここに見られるように、総合的な学習としてめざされているのは、まさしく、子どもを主人公にした教育である。そこでは、体験学習、調べ学習といった学習スタイルが強調されるように、子どもの活動が学習の中心にあり、教師には「支援者」としての役割に徹することが求められる。そして、このような教育がめざしているのは、「いかに社会が変化しようと、自分で課題を見つけ、自ら学び、自ら考え、主体的に判断し、行動し、よりよく問題を解決する資質や能力」(教育課程審議会答申)の育成である。

子どもの意欲や興味関心を重視し、体験を重視した学習を展開することで、問題解決能力や自ら学ぼうとする意欲が生まれる教育――これらに共通する教育の理念が、「子ども中心主義(child-centered)」の教育と呼ばれるものである。

それにしても、私たちは、なぜこれほどまでに「子どもが主人公」の教育に魅了されるのだろうか。こうした理想に導かれたとき、教育の実際は、どのように変わりうるのだろうか。これらの問題を、印象論や体験論に基づくのではなく、歴史研究や実証研究の成果をふまえながら論じていくことにしたい。

2 「子ども中心主義」の教育

†アメリカにおける「子ども中心主義」教育のルーツ

教育史の研究によれば、こうした子ども中心主義の教育の思想が、実践とともにもっとも幅広く展開したのは、アメリカにおいてであった。二〇世紀初頭のデューイやキルパトリックといった学者を中心に、コロンビア大学ティーチャーズ・カレッジとその付属校、リンカーン・スクールなどを舞台に「進歩主義教育（progressive education）」と呼ばれる教育の改良運動が展開した。

アメリカの教育史家、ダイアン・ラヴィッチの研究（*Left Back*, Simon & Schuster, 2000）によれば、ジョン・デューイが一八九六年に設立したシカゴ大学付設の実験学校は、たしかにデューイの理想を実現するための試みを始める場であった（もっとも、シカゴの実験学校は、デューイがコロンビア大学に移るまでの一九〇四年までしか存続しなかったが）。しかし、そこには、特別の条件が備わっていたとラヴィッチは指摘する。

> そこで学ぶ子どもたちは、全員が白人で、裕福な専門職の親を持つ家庭の子どもたちであった。（中略）教師たちも、通常の公立学校とは異なり、選りすぐりの教師たちが集められた。（二七四ページ、拙訳、以下同）

しかも、子ども一四〇人に対して二三人の教師と一〇人のアシスタント（シカゴ大学の大学院生たち）がついた。五、六人の子どもに一人の教師がつくという具合であった。

シカゴのデューイ学校は、理想的な条件の下で実行に移された例であった。特定のエリート的な私立学校や、ごくまれな公立の学校を除けば、こうした理想的な条件を再現することは不可能であった。しかも、シカゴの実験校は、(デューイのような)カリスマ的な指導者のもとで、短期間だけ存続し得た学校だったのである。(一三七ページ)

たしかに、この時期に、中流以上の家庭の子弟を対象とした子ども中心主義の私立学校がいくつかつくられた。デューイがコロンビア大学に移った以後は、同大学のティーチャーズカレッジ付設のリンカーン・スクールが、そうした進歩主義教育の伝導の場となった。そこではデューイの教え子でもあった、キルパトリックが提唱する子ども中心の教育(プロジェクト・メソッドと呼ばれる子どもの活動や体験を取り入れた授業)に基づく教育が展開され、毎年、何千もの教育者が見学に訪れた(ただし、この実験学校では、活動だけではなく読書も重視されていたという)。

ラヴィッチが見るところによれば、この学校がアメリカの教育界に与えた影響はきわめて大きかった。リンカーン・スクールの教師たちは、当時、教員養成のメッカともいえるコロンビア大学のティーチャーズ・カレッジで二〇〇以上のコースを教えていた。さらには彼らがそこを去ったあとで、他の大学の教育学部などに大学教師として就職し、リンカーン校のような実験校をそれぞれの大学につくっていった。たとえば、ミシガン大学、カリフォルニア大学、モントクレア大学など、二〇の大学の教育学部と一〇の教員養成カレッジにそうした学校がつくられたという。

ラヴィッチはいう。

リンカーンの例から公立学校の関係者が学んだレッスンとは、学習というのは、子どもたちがさまざまな興味関心を持つ体験や活動にかかわる中で、自然に起こるものであり、子どもが学ぶのを急かせるようなことは禁物であり、さらには単語のつづり方や句読点の打ち方など教える必要はない、といったことであった。(一八八ページ)

リンカーン・スクールは、まさに、子ども中心主義教育の考え方と方法とを伝導する拠点だったのである。「しかし」とラヴィッチは続けていう。

しかし、リンカーン・スクールでは、学ぶ意欲のない子どもに注意が払われることはなかった（そういう子どもはおそらく一人もいなかっただろうし）。さらには、リンカーン・スクールのように、両親が裕福で高い教育を受けている、そういう家庭の子どもたちと、その当時のアメリカのほとんどの公立学校がそうであったように、そのような両親を持たない大多数の子どもとの社会的な落差も、考慮されることはなかった。（一八八ページ）

まさに、通常の学校とは異なる環境のもとで、進歩主義教育の実践は行われていたのである。

このような「子ども中心主義」教育の歴史研究から浮かび上がってくるのは、特別な条件のもとで成立可能であった学校での「実験」の成果が、理想の教育の実行可能性を保証するものと考えられていたという点である。教師たちの意欲も高く、そこで学ぶ生徒たちも恵まれた家庭出身であった。しかも教師—生徒比をはじめ、学校に備わった資源においても、通常の学校とは比べられないほどの恵まれた環境のもとで、カリスマ的な性格をもった指導者に導かれて実践されていたのが、「子ども中心主義」教育の原形だったのである。

†なぜ「子ども中心主義」の教育は魅力的なのか

それにしても、なぜこれほどまでに「子どもの立場に立った」教育は、私たちを魅了するのだろうか。「子どものための学校」「生徒本人が主人公である教室」といった言葉が、自明のことのように繰り返し現れるのはなぜか。本来は空虚なこの思想が、どうしてこれほど人を魅了するのか、そのことに私はかねてから関心を持っていた。

児童中心主義の深層は、まだ解明されたとはいえないと思う。(「児童中心主義の底流をさぐる——空虚にして魅惑する思想」『季刊　子ども学』vol.18　一九九八年、三八ペー
ジ)

西洋教育史家の宮澤康人氏は、こうした卓抜な問いを立て、教育史の知識を駆使して次のような解答を私たちに与えてくれる。それを一言で言い表したのが、「児童中心主義は、むしろ、近代の大人たちが直面した絶望の産物と見るほうが、真実に近いのではあるまいか」(三八ページ)という言葉である。その真意がどこにあるのかを、宮澤氏の研究を紹介しながら、私なりの解釈を交えて考えてみよう。

宮澤氏は、子ども中心主義の教育を歴史的に位置づけるにあたり、教師—子どもという

二項対立図式ではなく、教師―知識（教えるべき内容）―子どもという三項間の関係としてとらえることを提唱する。子どもと教師ないし知識との間に対立があるばかりではなく、教師と知識との間にも対立がありうると見るのである。そして、環境教育を例に、これら三者の関係がどのようなものであるのか、さらには、そこにおいて「子ども中心主義」が受け入れられるのはなぜかを、以下のように説明する。

まず、三者の関係を図式的にとらえると、（1）伝統的アプローチ、（2）プロセス的アプローチ、（3）オープン・アプローチの三つに分類できるとする。伝統的アプローチとは、教えるべき内容（知識）があらかじめ決められていて、それを教師が子どもに伝える、というものである。次に、プロセス的アプローチにおいては、「教師は知識と生徒の間の橋渡し役」であり、「生徒は確かに、能動的に知識に向かうように誘われるが、それも教師を通してであり、知識の内容はあらかじめ、生徒以外の誰かによって決められている」ものである。

これらに対し、オープン・アプローチでは、生徒一人ひとりの興味・関心に応じた「自由な」学習を展開することにより、教師と生徒とがともに学んでいく。生徒自らが何が必要な知識かを選び、自らがその知識を探しだしていく。そこにおいて教師は「援助者」としての役割に徹することが求められるというものである。

この三番目のオープン・アプローチが子ども中心主義の教育を体現するものであることは、容易に見てとれるだろう。

†「大人たちの知恵のゆきづまり」とロマン主義

それではなぜ、こうしたオープン・アプローチが称揚されるのか。宮澤氏は、教師と生徒とが、不確定な知識という前提の前で、「平等の水準に立つ」ことをもって、「ソクラテス的教育」と呼び、その背後に以下の動機を見る。

「ソクラテス的教育には隠された動機がある。それは、近代社会に生きる大人たちの知恵のゆきづまりだったのではないだろうか」（四一ページ）と。そして、次のように述べる。

その背景の一つは、地球環境の危機を既成の学問の枠組みにしたがって、ただ知識として教えるだけでは、若い世代に受け入れられない。受け入れられたとしても、危機の克服には有効ではない。環境危機は、単に客観的知識の問題ではなく、環境と人間との関わり方、つまり生き方を変える主体的行動を求める問題だ、という社会認識である。

もう一つの背景は、現代の環境危機は、人類にとって前例のない経験であり、既成の知識では対処できない類の危機である。それゆえ、誰もが「真理」を手にしていない、という意味で、「ソクラテス的」状況といえる。（中略）

ところがＥＳ（環境経験学習のこと）は、期待した成果をあげられない。それはそうであろう。自然環境の破壊のように錯綜した問題に、人類が蓄積した知識や方法論を無視して、素手で立ち向かうのは不可能に近い。大人の困難を子どもに肩代わりしてもらおうとしても、そううまくゆくはずがない。（四二―四三ページ）

「子どもと一緒に考えよう」「子どもとともに学んでいこう」。こういうと、子どもの目線に立った、望ましい教師像のように見える。また、こうした学習は、教師による一方的な教え込みの教育に比べ、子どもたち自らが学ぶ、理想の学習のようにも見える。しかし、宮澤氏はそれに対し、あえて「近代社会に生きる大人たちの知恵のゆきづまり」ゆえの「近代の大人たちが直面した絶望の産物」であるとの判断を下すのである。こうした宮澤氏の見解が目を向けているのは、「人類が蓄積した知識や方法論」を軽視しがちになり、子どもと教師との関係の中で、知識という第三項を後景へと追いやってしまう子ども中心主義の限界である。

さらに、宮澤氏は、アメリカの子ども観を対象に、「ロマン主義」の考え方が「子ども中心主義」の教育思想を支えてきたと分析する。子ども中心主義が私たちを魅了する第二の理由は、いわば子どもの「本性」への信頼ということだというのである。

そこで、宮澤氏は教育哲学者ボルノウの「内部からの自己の内的必然性にしたがって自己発展する、〈有機体的発達〉」という言葉を引く。要するに、どの子どもにも必ず、自ら発展・成長していくしくみが自然に備わっているという人間観＝子ども観である。そして、この子ども観をベースに、そこからさらに、「子どもであることは、いずれにせよ、大人であることよりも善である。生きることの最善の規範は、素朴で無垢な子供たちの生き方である」という「センチメンタルな」考え方が、アメリカで普及していったとみるのである。

ここには、一種の信仰にも似た子どもへの信頼が示されている。それがロマン主義と呼ばれるのは、産業社会への反発として「より純粋な世界は、われわれの内部にすでに存在している」（四三ページ）という信念を共有しているからだ。子どもの心のうちに純粋さ、穢れのなさを想定し、そうした「純真な」「自然」として、子どもの自己発展を信頼する——子どもたちの目が輝く、そうした「学びの世界」を理想とする心情に共通するのが、教育のロマンティシズムである。

こうした「子ども中心主義」の魅惑は、制度としての教育に困難な課題を突きつける。

どの子どもにも「内部からの自己の内的必然性にしたがって自己発展する、〈有機体的発達〉」が備わっていると見なすかぎり、学習の失敗を、子ども自身に帰すことはできなくなるからだ。こうしたロマン主義の子ども観は、そもそも議論の出発点において、学習がうまくいかないのは、本来「自己発展」するしくみをもっている子どもの学習能力をうまく引き出せない、学校や教師のせいだという論理を含み込んでいる。

それでもなお、子ども中心主義の教育が、ほかならぬ教師たちによっても支持されるのはなぜなのだろうか。「子どもとともに学ぶ」教師が肯定的に見られるのはどうしてなのか。宮澤氏は、「大人が、確実な知識を手にできない知の窮状、『正統的な信仰』をもちえない内面の荒廃が続くかぎり、児童中心主義は、形をかえつつも繰り返し再生し続けるに違いない」との結論を下すが、それに加えて、ロマン主義の放つ光のまばゆさに、教育の現実が見えなくなるという〈幻惑〉効果があることも否定できないだろう。それがいかに現実を見えなくさせるのか。この問題については、現代社会の特徴と子ども中心主義の関係とを検討したうえで、再度もどって考えていくことにしよう。

†現代版・子ども中心主義教育の論理

教育思想の歴史にかぎらず、「子ども中心主義」教育の考え方は、現代に至ってもなお、アメリカにおいて広範な支持を集めている。それが、教育の一般的な考え方として、どのように理解されているか。さらには、その人気を支える基盤がどこにあるのか。日本との比較を交えながら、次にこうした現代の問題を考えてみたい。

ここでは、子ども中心主義の学説史的・思想史的な検討を行うのではなく、「人びとがその日常生活で〈現実〉として〈知っている〉ところのもの」、「常識的な〈知識〉」（バーガー&ルックマン『日常世界の構成』山口節郎訳、新曜社）としての「子ども中心主義の教育」観を対象とする。このような検討を通じて、教育学の専門的知識としての子ども中心主義ではなく、一般に理解されている子ども中心主義の論理を引きだし、それが受け入れられる現代的な理由について考えてみたい。

アメリカの教員養成プログラムで広く用いられている教授法の教科書に、*Best Practice*（『最善の実践』）がある。進歩主義教育の流れを汲むこの教科書には、望ましい授業実践として、消極的な側面からと、積極的な側面から、次のような特徴があげられている。

【消極的な側面から】

できるだけクラス一斉の、教師主導の教育ではない授業／できるだけ生徒たちが座って聞くだけの受け身ではない授業／できるだけ生徒が教科書を読む時間が少ない授業／

できるだけ細かな知識の詰め込みではない授業／できるだけ競争や成績へのストレスが少ない授業

【積極的な側面から】

できるだけ体験的・活動的な学習が多い授業／できるだけ生徒が自分でやったり、話したり、協力しあうことで、教室がにぎやかで活発な授業／目標の設定、学習の記録や評価などの面で、できるだけ生徒たち自身に責任をもたせる授業／できるだけ生徒に選択の機会を与える授業／できるだけ生徒の欲求や多様な学習スタイルに注意を向ける授業／できるだけ知識の詰め込みではない授業／できるだけ競争や成績へのストレスが少ない授業

ここにあげられている「望ましい授業に共通の特徴」は、授業のやり方といった具体的な面で、子ども中心主義教育が何を望ましいと考えているかを端的に示している。ネガティブな側面（より～でない授業）とポジティブな側面（より～である授業）という対比からわかるように、「知識の詰め込み教育」、「画一教育」、教科書を教える「一斉授業」、ストレスをまねく点とり競争の教育は悪く、子どもの体験や活動を重視し、子ども自身が学びたいと思う意欲を大切にする、「子どもが主人公」の教育がよい、とされている。日本の

教育改革においても、「旧学力」を育てる「旧式の授業」を悪い教育とみなし、子どもの意欲を大切にし、「新学力」を育てようとする見方と共通する教育の考え方である。

実際に、八九年に改訂された学習指導要領の実施に向けて、教師用に書かれた文部省（当時）の解説書には、*Best Practice* の考えと重なる部分を数多く発見することができる。「新しい学力観」を広めるために、小学校教師用に書かれた文部省の解説書『小学校　教育課程一般　指導資料　新しい学力観に立つ教育課程の創造と展開』（東洋館出版社、一九九三年九月）には、次のような表現があふれていた。

●これからの教育においては、子供たちは、本来、様々なよさや可能性を内に秘め、よりよく生きたい、より向上したいという望ましい欲求をもった存在としてとらえることが大切である。

●子供のよさを生かす教育においては、必然的に子供たちの主体的な学習活動を重視しなければならない。このような学習活動を支え、それを充実させる基礎として働くのが内発的な学習意欲である。

●このような学習指導においては、（中略）教師は子供たちの立場に立ってそれを支援するという指導観に立つことが肝要である。

●したがって、それは教師が一方的に子供たちに教え込む指導とは質的に異なるものであると考え、指導を工夫することが大切である。
●このような学習活動においては、問題解決的な学習活動や体験的な学習活動が基本になるであろう。

二〇〇二年からの学習指導要領がめざす「生きる力」の教育は、この「新しい学力観」による教育の延長線上にあることを第2章で確認したが、ここでの引用からわかるように、すでに一〇年間実施されてきた八九年改訂の学習指導要領のもとで、日本の教育は「子ども中心主義」の考えを取り入れてきたのである。

†情報化社会と子ども中心主義

このような教育の考え方は、現代社会の特徴と関係づけられる場合に、重要不可欠だと受けとめられる。子ども中心主義を支える「常識」の一部として、そうした社会との関係のつけかたがあることを、「ワシントンポスト」紙に掲載された投書と、九六年の第一五期中教審答申の文章とから見てみよう。

【「ワシントンポスト」（一九九五年四月二五日付）の投書より（抄訳）】

生徒たちは、教師がそこに水を満たしてくれるのをただ待つような器ではない。教師にとってより重要な仕事は、個々の生徒たちの学び方や問題解決能力を最大限に利用して、学びを支援することである。情報化社会の急速な進展により、情報量は格段に増えていく。だからこそ知識（事実）を基盤にしたカリキュラムは、もはや実行不能である。生徒たちにとって必要なのは、解決すべき問いを、自らの疑問として立てる学習である。急速に進むポスト産業社会においては、批判的な思考力が不可欠なのである。しかも今や生涯学習の時代であり、今日の知識は明日には不用になるかもしれない。だからこそ、子どもたちに、ばらばらの知識を詰め込むよりも、必要とされるデータがどこにあり、どうすればそれを得ることができるかを知る力を発達させることが求められている。

【中教審答申・九六年】

今日の変化の激しい社会にあって、いわゆる知識の陳腐化が早まり、学校時代に獲得した知識を大事に保持していれば済むということはもはや許されず、不断にリフレッシュすることが求められるようになっている。生涯学習時代の到来が叫ばれるようになったゆえんである。加えて、将来予測がなかなか明確につかない、先行き不透明な社会にあって、その時々の状況を踏まえつつ、考えたり、判断する力が一層重要となっている。さらに、マルチメディアなど情報化が進展する中で、知識・情報にアクセスすることが容易となり、入手した知識・情報を使ってもっと価値ある新しいものを生み出す創造性が強く求められるようになっている。

知識の陳腐化が急速に進む情報化社会、予測のできない不透明な未来、そして、生涯学習の時代——こうした時代認識をもとに、問題発見能力や問題解決能力、さらには批判的思考力の育成が、教育改革に求められる（なぜか、日本の文部科学省関係の資料には批判的思考力という表現はまったくでてこないのだが）。このような社会の変化を目の前にすれば、子ども中心主義の教育こそが、これからの時代の教育だといった主張は、もっともなことだと思えてくる。

ここには社会認識と子ども中心の教育とを結びつける日米共通の「常識」が示されている。第一に、情報化の進展は、知識を陳腐化させるスピードを速めるから、知識を与えることの重要性は減るという論理である。古い知識はすぐに役立たなくなるという前提が、この論理を支えている。第二に、それゆえ、知識を与えることより、情報収集の方法を教えることのほうが価値がある、という考えがこれからの教育の要点として示されている。ここには、情報収集の方法さえ身につけば、問題解決能力や創造性を発揮できるようになるという前提が含まれている。第三に、生涯学習の時代になれば、学び直しができるようになる。だから、学校時代には学び方さえ身につけておけばよいという論理である。ここには、すぐに陳腐化する知識よりも学び方が学校卒業後の学習にとってより重要であるという判断が含まれている。

これらの論理を受け入れると、知識を伝達する教育よりも、「自ら学び、自ら考える力」を育成することが、これからの社会の教育にとって重要な役割であるとの考えが説得的に見えてくる。しかし、それぞれの前提がどれだけ正しいのかは、だれも検証しない。十分な妥当性をもつことが確かめられているわけでもない。にもかかわらず、先にあげた「ワシントンポスト」紙の投書にしても、中教審答申にしても、「子ども中心主義」の教育がこれからの時代にマッチした教育であるかのような印象を与えている。その意味で、こうした自明の「常識」によって支持されているかに見える。しかし、一つひとつの前提をとりだし、じっくり考えてみると、それが必ずしも、当たり前のことではないことに気づく。

例えば、第一の前提（知識の陳腐化が速まる社会では、知識伝達の重要性が減少する）について考えてみよう。たしかに、マスコミなどで流れる情報の陳腐化の速度は速まっている。しかし、学校で教えられる知識は、もともとそうした「流行」の知識やニュースではない。むしろ、新しい知識を理解するうえでの基盤となるような知識である。高校レベルの理科の知識もなしに、最先端の科学技術について理解しようとしても無理なことはだれもが気づく。自然科学にとどまらず、社会現象についても、高校程度の社会科の知識（地理にしても、歴史にしても、政治経済にしても）は、私たちが現代社会の問題を考えるための基礎的な知識となっている。情報化社会では知識がすぐに古くなる、だから知識を教えることは意味がないとする判断は、新しい知識の理解がそれ以前の知識との関連抜きに可能であるとみなさないかぎり、正しいとはいえない。

第二の前提（情報収集のしかたさえ身につけておけば十分という考え）についても、少し考えてみれば、必ずしも当を得たものでないことがわかるだろう。コンピュータによる情報探索の方法にどんなに詳しくなっても、そこで得た知識や情報の意味が理解できなければ、集めた情報は無意味である。しかも、問題が複雑になればなるほど、情報のありかを知るためにも、その問題をめぐる基本的な知識が重要になる。とりわけ、情報量が多くなればなるほど、どの情報が正しいのか、問題解決にとって意味があるのかを判断するために、周辺的な知識を含め、当該テーマに関する知識が不可欠となる。調べる方法さえ身につければだれでも問題発見・問題解決ができるということではない。集めた情報を理解したうえでの取捨選択が不可欠になる以上、ここでも基礎的な知識の有用性は否定できないのである。

しかも、どの程度の知識を相手にするかで、情報探索の方法習熟に求められる知的なレベルも違ってくる。簡単な問題を対象に情報探索の方法を身につける場合と、複雑でむずかしい問題を相手にする場合とでは、求められる「方法知」のレベルも違うのであり、より高度の情報収集能力を身につけるためには、それだけ高度な知識・複雑な問題を相手にせざるをえない。その意味でも、高度な情報探索の方法を身につけるためにも、知識の基盤が重要になるはずである。

第三に、生涯学習の時代になれば、学び直せるから、学び方さえ身につけておけばよいという前提も疑わしい。むしろ、生涯学習の時代だからこそ、学校で学習した基礎的な知識の重要性が高まるのである。何かを学び直すにしても、どの段階から始めればよいのか。中学程度の基礎知識があるのとないのとでは、学び直しのスタートラインがずいぶん違ってくるだろう。たとえ、大人になってから忘れてしまったとしても、一度理解した経験があるかどうかによって、学び直しのむずかしさは違ってくる。生涯学習の機会を広げるためにも、基礎的な知識を学校教育においてどれだけ広く子どもたちに理解させておくのかが重要になるのである。

以上に述べたことがすべて正しいといいたいわけではない。情報収集のしかたの学習が不必要だといっているのでもない。そうではなく、私たちが「子ども中心主義」教育を受け入れる際の、社会との関係についての前提や「常識」が、必ずしも自明ではない点を確認するために、疑いの眼を向けたままでである。このように当たり前ではないにもかかわらず、子ども中心主義の教育は、現代社会の変化と結びつけたときに、あたかも唯一不可欠の教育とみなされる。それが、いかに教育の実態をとらえる人びとの見方を幻惑するのか。次に、アメリカの事例を用いて、子ども中心主義の教育が教育制度をどのような方向に導くのかを検討していくことにしよう。

3 制度としての「子ども中心主義」教育

†カリフォルニアの偉大なる実験

ここで取り上げるのは、カリフォルニアの事例である。それも一九八〇年代後半から九〇年代末までの、「子ども中心主義」に導かれた教育改革の顚末をケーススタディとして取り上げる。

なぜ、カリフォルニアなのか。その理由は、カリフォルニアにおいては、州の教育省が学校のカリキュラムにかかわる長い歴史をもち、いわば州全体をあげての「子ども中心主義」教育の〈実験〉が一斉に行われた経緯をみることができるからである。

ハーバード大学ケネディ行政学大学院のラブレス教授の研究（Loveless, 1998）によれば、カリフォルニア州は一八六四年に州憲法の修正によって、州内で使われる教科書を州政府が選定する権限をもつことを認めた。その後、社会科については、すでに一九四〇年代後半から、カリキュラム・ガイドやフレームワーク（枠組み）が定められ、教えるべき内容と学習目標のガイドラインを決めている。日本のように検定による教科書の採択ではないが、教える内容に州の教育省が介入できるしくみをもっていたのである。

ところが、一九八〇年代末から九〇年代初頭にかけて、州の教育省は、州全体に及ぶ数学（算数）と英語について、教える内容ではなく、教えるべき方法についてのフレームワークの根本的な変更を決めた。それも「基礎に帰れ」の教育改革の一環として設定したのである。教育省は、そのフレームワークを通じて、生徒たちが何を学ぶべきかについての標準を示すことではなく、代わって、教師たちがいかに教えるべきかを根底から変えようとした。（中略）一九九二年のカリフォルニア州の数学のフレームワークでは、（中略）望ましい教え方、望ましくない教え方のチェックリストが作られ、配付された。そこでは、グループでの協同学習や、「ホーリスティック（全体的）」な課題をもとに、生徒たちに自分の考えの説明を促すような教え方は「望ましい」教え方とされた。反対に、特定の目標に焦点を絞った教え方や、ドリルや練習問題のような課題の設定や、生徒たちに知識の完全習熟を期待する教え方は、「伝統的」だとされ、悪い教授法だと考えられた。（Loveless, 1998. 拙訳、以下同）

英語については、一九八九年から「ホール・ランゲージ（whole language）」と呼ばれるプログラムが始まった。「ロスアンゼルス・タイムズ」紙（一九八九年九月三日付）は、この新しい言語教育の始まりを次のようにレポートしている。

小学校から高校まで、根底をひっくり返すような変化が学校で起ころうとしている。今年から、子どもたちが読み書きを学ぶ方法が、大きく変わるのである。この方法は、

「ホール・ランゲージ」と呼ばれる。（中略）スペリングや文法の教科書は学校から消える。（中略）アービング学区の初等教育課長のギブズ氏によれば、「これからは五年生が学習すべき単語のリストのようなものは教室からなくなる。生徒たちは、文学を通して、その文脈からスペリングを学んだり、語彙を学習したりするようになる」という。（中略）「書き」教育の専門家であり教師でもあるカー氏は言う。「あなたや私が昔学校で学んだことが間違っていたというのではないのです。ただ、そのころは、あまりにテストに依存しすぎていた。私たちが昔習ったのは、いわば編集のスキルで、考えるスキルは強調されてこなかった。かわりに、教師たちは、すべての教科を通じて、子どもたちの創造性や思考力を高めることが求められているのです」という。

「新しい学力観」の導入時を彷彿とさせる指導観の大転換が、日本とほぼ同じ時期にカリフォルニアでも起きていたのである。

†惨憺たるテスト結果

ところが、一九九五年に全米教育評価委員会のテスト結果が発表された。カリフォルニア州は、読み書きにおいても、算数（数学）においても、全米で底辺に位置するような惨憺たる結果であった。同様な結果は、その後、他のテストでも確認された。そのうちの一つ、小学校四年生の算数の結果を表17に示す（一九九六年の結果）。経済的に恵まれないマイノリティの多い南部のいくつかの州に次いで、最下層の部類にあることが判明したのである。この結果を受けて、州の教育長ホーニッグ氏は、英語のフレームワークが、根拠の十分ではない教授法をあまりに過度に推奨しすぎたことを認めた。そして、「私たちを反研究的・反科学的な態度へと陥れてしまうところに進歩主義教育というものの恐ろしさがある。そうした態度がいかに非合理的なものであるか、われわれは十分理解していたとは思えない。おそらくこれがわれわれの最大の失敗であった」と語った（Loveless, 1998 p. 289）。

表17　アメリカの小学校（公立）4年生の算数テストの結果（1996年）

州	点数
メイン	232
ミネソタ	232
コネチカット	232
ウィスコンシン	231
ノースダコタ	231
インディアナ	229
アイオワ	229
マサチューセッツ	229
テキサス	229
ネブラスカ	228
モンタナ	228
ニュージャージー	227
ユタ	227
ミシガン	226
ペンシルバニア	226
コロラド	226
ワシントン	225
バーモント	225
ミズーリ	225
ノースキャロライナ	224
アラスカ	224
オレゴン	223
ウェストバージニア	223
ワイオミング	223
バージニア	223
ニューヨーク	223
全米平均	**222**
メリーランド	221
ロードアイランド	220
ケンタッキー	220
テネシー	219
ネバダ	218
アリゾナ	218
アーカンソー	216
フロリダ	216
ジョージア	215
デラウェア	215
ハワイ	215
ニューメキシコ	214
サウスキャロライナ	213
アラバマ	212
カリフォルニア	**209**
ルイジアナ	209
ミシシッピー	208
グアム	188
ワシントンDC	187

州の改革が原因となってテストの点数が低かったのかどうかは、はっきりいえない。フレームワークの擁護派は、移民の増加とか、教育財政の制約といった学校外の要因が点数の低さの原因だと主張した。しかし、ラブレスは、こうした説明を説得的だとは見ない。どの人種でも、どの社会経済的グループでも、アチーブメントの低さが確認されたからである。大学卒の親をもつ子ども同士を比べても、カリフォルニアの子どもたちの得点は、やはりビリのほうであった。

ホーニッグ氏の後を受けてカリフォルニアの教育長に就任したイースティンは、フレームワークが点数の低さにどのように関係していたかを調査するために、英語と数学の二つの調査委員会（タスクフォース）を結成した。

ホール・ランゲージの効果を、さまざまな研究成果に基づき調査した英語の調査委員会の報告書は、次のような結論を下した。

一九八七年の英語のフレームワークは、包括的でバランスのとれた「読み」のプログラムを提供することに失敗し、システマティック（体系的）にスキルの習得を可能にするプログラムに十分注意を払わなかった。さらに、それは、低学年でふさわしい初級の読みと、より上級の学年で求められる読みとを適切に区別することができなかった。八七年のフレームワークは、読みのスキルを直接教える方法からあまりにかけ離れたものとなってしまった。（Report of the California Reading Task Force, 1995）

調査委員会は、ホール・ランゲージ偏重のフレームワークに代わって、「つづりと発音の関係を教える、より組織だった、はっきりとわかるスキル習得のプログラム」「包括的でバランスのとれた読みのプログラムをすべての学校と学区とは準備し実行しなければならないこと」を決めた。

†よりバランスのとれた教授法へ

数学の調査委員会は、フレームワークを完全に否定することにはためらったものの、次のような結論を下した。

一九九二年の数学のフレームワークは、基本的なスキルと概念的な理解、問題解決の三者の間のバランスが重要であることを、十分な明確さをもって提示することをしなかった。（Improving Mathematics Achievement for All California Students, 1995）

「ロスアンゼルス・タイムズ」紙（一九九八年八月三日付）は、こうした変更の経緯を後に次のようにレポートしている（抄訳）。

基本的なスキルがしばしば無視されたと、批判する側はいう。創造的に書くことに水を差さないようにと、生徒がスペルを間違っていても、教師たちはそれを直そうとしたがらなかったという。カリフォルニア大学のエバンス教授は、「私たちは、学校を子どもたちにとってより有意義で、より楽しい場にするための努力をしてきた。その中で、知識を暗記するとか、つづりと発音の関係を教えるためのドリルとかは、『退屈』な活動としてカリキュラムから消されていった。しかし、たらいの水と一緒に赤ん坊も流してしまったようなものだ。学習には、必ず、むずかしいことや、楽しくはないが大事なことも含まれているのだから」と語る。

しかし、教授法を支持する側は、カリキュラムが悪かったわけではなく、失敗の原因は極端に間違ったその適用にあったのだと言う。また、テストの結果自体にも疑問が向けられている。スペリングのテストは、あまりに人工的で、本当の力は測れないという声もある。

もっとも、失敗の芽はすでにそれが導入された当初から指摘されていた。一九九一年五月二六日付の「ロスアンゼルス・タイムズ」紙に、次のような記事があるからである（抄訳）。

ホール・ランゲージのアプローチは定義がむずかしい。それは特定の教授法というより、ひとまとまりの考え方である。「テーマ」を中心に編成されるものであり、教師や生徒たちが読むものや書くことがらを自分たちで選んでいくのである。（中略）定義の難しさはまた、その問題点でもある。ニューヨーク大学で教育学を教えるアーリントン教授は言う。「ホール・ランゲージにはたくさんのよい面もあるが、解決されていない問題点もある。例えば、クラスや教師によって教え方や教材が違ってしまうことである」。彼はさらに言う。「うまく定義づけられたホール・ランゲージのカリキュラムは、それに興味を持ち、十分に訓練を受けた教師によって教えられれば、有効なものになるだろう。問題は、何を、誰に、どのように教えるべきかを教師たちが決められるように、われわれがどうすれば教師たちを手助けできるかである。その決定をうまく行うためには、教師の側にかなりの専門性が要求される」。

その後、英語も数学（算数）も、一九九七年に再改訂された新たなフレームワークでは、「よりバランスのとれた」教授法が採用されることになった。教科書の採択においても、極端な「ホール・ランゲージ」「ホール・マス（whole math）」（日常生活の中で算数・数学の考え方を学ぼうとする数学教育の考え方。ドリルを重視したりしない。計算力をつけるよりも考え方を重視し、計算は電卓でよいとする）の考えを掲げたものは採択中止となった。こうして、『危機に立つ国家』以後の「基礎に帰れ」の教育改革において導入された「子ども中心主義」の教授法は、カリフォルニア州において、「よりバランスのとれた包括的な」カリキュラムに道を譲ることになったのである。

†カリフォルニアの教訓

日本の「新しい学力観」の導入とほぼ同じ時期に、しかも州全体を覆う新しい教授法として、ホール・ランゲージ、ホール・マスと呼ばれる「子ども中心主義」の教育改革が断行された。しかし、その顛末は以上に見た通りである。

こうした結果を、保守派によるイデオロギー攻撃によって、子ども中心主義の教育が政治的に抹殺された、とする見方がアメリカにはある。ちょうど日本での「学力」低下の問題提起を、イデオロギー的な反動とみなす議論と同じである。だがイデオロギーの対立、振り子の振幅と見るかぎり、私たちは歴史から多くを学ぶことはできない。とりわけ、制度として子ども中心主義の教育が一斉に導入されることの影響について考えることは、新旧の学力観の争いとは違うレベルの問題だからである。

それでは、カリフォルニア州の〈実験〉から私たちが学べることは何か。第一に、州全体、あるいは国全体で、教授法についての考え方を一挙にドラスティックに変更することは、失敗した場合に、そのリスクがあまりに大きいことである。カリフォルニア州の場合も、この間教育を受けた子どもたち、とりわけ、経済的・文化的に恵まれないマイノリティの子どもたちがもっとも不利益をこうむったのであり、その責任は、ラブレスが指摘する通り、明確な成功の保証も研究の裏付けもないままドラスティックな変更を一斉に導入した政府や行政の側にあった。

第二に、とりわけ、改革がめざす改善の方法が十分明確に定義されなかったり、よほどの経験と専門性を有する教師でなければ十分な成果をあげられないような教授法においては、広範な「実験」が失敗する可能性が高い、ということである。有能な教師が周到な準備のもとに行えば、大きな成果も期待できるだろう。しかし、少数の先進的な事例でうまくいった実践が、他の条件のもとでは必ずしもうまくいかないことがしばしばある。しかも、カリフォルニアの場合には、全米で一学級あたりの生徒数がもっとも多いという。基本的な条件の整備も不十分だったのである。また、学年によってどのような課題設定をすればよいのかが不明確なままなら、その改革の成功は一層おぼつかなくなる。これらの問題は、アメリカよりもはるかに多人数の四〇人学級のもとで、学校や教師の「創意工夫」にゆだねられ、小学校から高校まで一斉に実施に移される「総合的な学習の時間」の実践にそのまま当てはまる警告である。

第三に、不利な社会経済的環境におかれた社会階層やマイノリティの子どもたちにとって、「子ども中心主義」の教育がふさわしいのかどうかについても検討する必要がある。こうした問題は、カリフォルニアでも議論されたし、アメリカの教育史を見ても、たびたび指摘されてきた。そもそも子ども中心主義の教育が実験的に行われ、成功した事例は、富裕層の白人たちが通う小規模な私立の学校や大学の附属学校が多かったからである。それゆえ、先に引用した教員養成用の教科書 *Best Practice* においても、子ども中心主義の教育実践が、大都市部の貧困地区の学校でうまくいくのかどうかが検討されている。イギリスでの研究においても、子ども中心主義の教育が、労働者階級の子どもたちが多い学校においては、必ずしもうまくいかなかった例が報告されている。いや、日本でも、労働者層が多い、「しんどい」学区にある公立中学校での詳細な参与観察に基づく志水宏吉氏の研究（志水宏吉・徳田耕造編『よみがえれ公立中学』有信堂高文社）が、次のような教師の言葉を残している。

むずかしいんやなあ。今ね、ちょっと切り替えな仕方がないなあと思って、まあ、ごく簡単に言えば、考える社会科から覚える社会科に。なんでかと言うと、ある程度のこと覚えたうえで、いろんな考え方とかやるわけやね。そんなたくさんでなくても、ええんやけどね。今までの学校ではね、だいたいクリアしとったわけよ。それが、全然クリアできないね。まず、教科書が読まれへん。インドってどの辺りにあるかぐらい、なんとなくわかってると思うやん。全然わかってない。考えさせる社会科ちゅうのをやっとったら、底抜けたままで。難儀やねえ。

しかし、子どもが主人公というわりには、日本での子ども中心主義の教育は、こうした子どもたちの家庭的な背景についてはほとんど問題にしない。学ぶ側の主体性が強調されても、諏訪哲二氏が鋭く指摘したように、学ぼうとしない子どもの主体性には言及されないという欠点をもつのである（『なぜ授業は壊れ、学力は低下するのか』洋泉社）。ここには、私がたびたび指摘してきた日本の教育改革における階層的視点の欠如という問題がある［注1］。

こうした問題がカリフォルニアのような事例から明らかになっているのにもかかわらず、子ども中心主義の教育は、依然として人を魅了する。たしかに、優れた教師による優れた実践を見れば、これが理想の教育だと思い込む人は多いだろう。しかし、カリフォルニアの例からわかるのは、そうした理想通りには動かない「制度」という現実である。

一つひとつの教室の授業実践の問題、一人ひとりの子どもの学習の問題と、州や国といったより大きな単位の教育制度の問題とを混同してしまうと、ますます私たちは、子ども中心主義教育のロマンに幻惑される。その理想の輝きの前に、制度全体が動いたときにどうなるかという、足下の現実が見えなくなるのである。

カリフォルニアの教訓とは、先に引用した州の教育長ホーニッグ氏の「私たちを反研究的・反科学的な態度へと陥れてしまうところに進歩主義教育というものの恐ろしさがある。そうした態度がいかに非合理的なものであるか、われわれは十分理解していたとは思えない。おそらくこれがわれわれの最大の失敗であった」との言葉につきる。そして私たちもまた、この「失敗」の目前にいる。

注1　子ども中心主義教育への警告を発したアメリカの社会学者エチオーニがかつて言ったように「実証的研究

に基づく証拠に従えば、われわれは、恵まれない階層の子どもたちに対する教育的な努力を減らすのではなく、むしろ、より早い時期から教育を開始し、より広範に、より辛抱強く、より多くの資源を投入して、そうした努力を提供することが求められている」のである（Etzioni, 1971）。

第5章

教育改革の幻想を超えて

1　手段を欠いた理想のゆくえ

†学校や教師しだいの改革

第1章で紹介した文部科学省の寺脇研氏の発言からもうかがえるように、改革がうまくいくかどうかは、「学校の先生たちがちゃんとやってくれるかどうか」が決め手となる。まさに、学校や教師の「創意工夫」に依拠しているのが現在進行中の教育改革の基本的性格である。とりわけ、二〇〇二年からの学習指導要領の目玉とされる「総合的な学習の時間」では、教科書もつくらず、内容の規定も行わない。教育課程審議会答申（一九九八年）では、『総合的な学習の時間』のねらいや学習活動等について」として、次のような説明がなされている。

「総合的な学習の時間」の教育課程上の位置付けは、各学校において創意工夫を生かした学習活動であること、この時間の学習活動が各教科等にまたがるものであること等から考えて、国が目標、内容等を示す各教科等と同様なものとして位置付けることは適当ではないと考える。このため、国が、その基準を示すに当たっては、この時間のねらい、この時間を各学校における教育課程上必置とすることを定めるとともに、それに充てる授業時数などを示すにとどめることとし、各教科等のように内容を規定することはしないことが適当である。

「総合的な学習の時間」の評価については、この時間の趣旨、ねらい等の特質が生かされるよう、教科のように試験の成績によって数値的に評価することはせず、活動や学習の過程、報告書や作品、発表や討論などに見られる学習の状況や成果などについて、児童生徒のよい点、学習に対する意欲や態度、進歩の状況などを踏まえて適切に評価することとし、例えば指導要録の記載においては、評定は行わず、所見等を記述することが適当であると考える。

具体的な学習活動としては、例えば国際理解、情報、環境、福祉・健康などの横断的・総合的な課題、児童生徒の興味・関心に基づく課題、地域や学校の特色に応じた課題などについて、適宜学習課題や活動を設定して展開するようにすることが考えられる。その際、自然体験やボランティアなどの社会体験、観察・実験、見学や調査、発表や討論、ものづくりや生産活動など体験的な学習、問題解決的な学習が積極的に展開されることが望まれる。

なるほど、その趣旨からすれば、国が内容を規定せず、学校や教師の裁量にまかせる時間を創設したことは、規制緩和、地方分権化の流れとして、一定の評価ができる。しかし、教育課程審議会答申には、「我々は、この時間が、自ら学び自ら考える力などの［生きる力］をはぐくむことをめざす今回の教育課程の基準の改善の趣旨を実現する極めて重要な役割を担うものと考えている」とある。つまり、教育改革の目標である「生きる力」の育成にとって、「総合的な学習の時間」は、最重要の手段として位置づけられているのである。このような重要性からすると、総合的な学習の時間をどのように行うかについて、国であれ地方教育委員会であれ、具体的な手段を提示していないことの問題は大きい。もちろん、国が規制を強めればよい、というのではない。しかし、学校や教師の「創意工夫」によるとする判断、「学校の先生たちがちゃんとやってくれるかどうか」にゆだねようとする判断は、制度の改革という視点から見ると、実現するための手段の不明確さ、いや、手段の欠如とさえいえる大きな問題を抱えているといわざるをえない。実現のための明確なプログラムを欠いた改革が行われようとしているのである。

「生きる力」の教育を行いうる教師をどのように（再）養成できるか。「学校の先生たちがちゃんとやってくれる」ようにするには、どのような準備を提供できるのか。こうした問題ひとつ取ってみても、準備不足の否めない性急な改革が、思わぬ結果をもたらしかねないことは容易に予想がつく。

†教師の方法論が示せない

二〇〇二年四月から本格的に始まる「総合的な学習の時間」を通して、いったい子どもたちは何を学ぶのか。教師は、そこでの学習をどうすれば組織できるのか。私たちが現在行っている教育委員会などへの聞き取り調査によれば、こうしたことを教師たちに教える手だてはまったくといっていいほど確立していないのが現状である。というのも、これまでの知識伝達型の授業とは異なり、「体験的な学習、問題解決的な学習」は、その場その場で、一人ひとりの子どもの学習に適切なアドバイスや方向づけを与えることが鍵となり、まさに学習の過程を重視した教育を行おうとするものだからである。

各種の教育雑誌や書物の形で教師向けのマニュアルが作られつつある。だが、それらをもとにしても、その場その場での子ども一人ひとりへの適切な対応が鍵となる実践である以上、教師たちは、それぞれの状況に応じて手探りでやるしかない。その意味で、「生きる力」の教育は、通常の教科の指導以上に、授業の場面場面での教師の洞察力・判断力にゆだねられる部分が大きい。ところが、そうした洞察力・判断力をそれぞれの教師がどのように習得できるかについては、まさに「子どもとともに学ぶ」しかないのである。「子どもとともに学ぶ」というと、一見、子どもの立場に立った理想的な教師像のように映る。しかし、「教えるということ」の枠組みにおいては、学習をうまくリードできない可能性の拡大をも意味する。子どもとともに学ぶことでしか実践のむずかしい方法であれば、それがどのような成果をもたらすのかを保証する基盤は弱くならざるをえない。

このような活動主義的教育における教師の技能形成の特徴は、知識の伝達を主とする教育と対比することで明確になる。知識の伝達と理解を中心とした「わかりやすい授業」の方法については、その教科の知識の構造を分析することによって、まさに「知識」としてそうしたやり方を教師たちに伝達することが可能である。たとえば、分数の割り算のわかりやすい教え方は、分数についての理解の深化と子どもの理解や誤解の分析に基づく知識を得ることによって、教師に改善を促すことは可能である。教師に助言する人びとにとっても、それぞれの授業を観察することを通じて、具体的な指摘ができる。

それに対し、子どもの活動を中心に、自ら考える力や問題解決能力を育てようとする授業の試み――しかも、それを一人ひとりの子どものニーズや学習スタイルに合わせて行おうとすること――は、そうした活動がどのように組織され、知識として組み上がっていくのかを前もって準備した上でも、なおかつその場その場の判断が重要となる［注1］。あらかじめ準備したことが、思い通りに進まないことも、教科の授業以上である。そこではたらかせるべき判断力を、教師たちはどうすればみがくことができるのか。「学校の先生たちがちゃんとやってくれるかどうか」が問われる授業実践を中核に、教育を改革していこうとする、その肝心かなめのところで、普通の教師にも実現可能な、具体的な方法を制度は示すことができないのである。

†制度として不全な「生きる力」教育

たしかに、授業の形はまねできる。子どもにおおまかな課題を与え、それを深めたり詳しくしていく。子どもに問題を「発見」させ、街に出て調べさせたり、図書館やインターネットを使って情報を収集したり、その結果をグループごとの話し合いを通じてまとめさせ、最後には授業で発表させる。形の上ではこうした授業が広まりつつあるのだ。

たとえば、フィールドワークを通じて小学校教育の実態を観察してきた清水睦美氏は、長年総合学習の実践を積み上げてきた小学校の教師から次のような発言を聞きだしている。

「総合的な学習」が始まるというので、少しずつ勉強会がおこなわれはじめているんだけれど、先生方の意識の多くは、「少し調べ学習をしたら『総合』」「子どもたちにグループごとに勝手にやらせて模造紙にまとめたら『総合』」「教科じゃないことをしたら『総合』」っていう感じ。（中略）でも、私は、それは「総合」ではないって思うんですよ。だって、何を学習したかがはっきりしないんだから。「総合」やるならI小のように徹底して子どもの目的意識にそった学習を組み立てていくか、それができないんだったら、教師が環境問題とかボランティアとか、今の社会的状況のなかで子どもたちにこれだけは伝えていきたいという問題をとり上げてそれを学習として組み立てていく、そのどっちかだと思うんですよ。どっちつかずの中途半端は、結局何を学習したのかわからなくなってしまいますよ。そんなだったら、こんな時間ないほうがいい。それより、基本的な読み書きとか算数の計算とかができない子どもがいるのだから、そういう子どもの底上げをするほうがいいって思うんですよね。（「『総合的な学習の時間』がやってくる」五一―五二ページ）。

長年、総合学習を行ってきた学校の教師から見れば、形ばかりの「総合」が流行しているのである。

しかし、どんなに形をまねしても、こうした活動を通じて、子どもたち一人ひとりが何を学んでいるのかは、一人ひとりの教師の判断に依存している。学習の目標が多様で、あいまいである分、その場その場での子どもへの助言や方向づけが重要になるのだが、それをどのように工夫すればいいのかは、それぞれの教師の判断にゆだねるよりほかにないのである。

この点を考える上で興味深いデータがある。第3章でもその一部を紹介した藤沢市教育文化センターの調査である。中学三年生が授業に期待する事柄を、生徒の「勉強の理解度」ごとに見た分析結果である。授業の理解度を「ほとんどわからない」生徒と「よくわかる」生徒に分け、それぞれどのような授業を期待しているのかを見たのが図27である。

この図で、「自由に好きなことができる授業」を「非常に期待する」のは、勉強が「ほとんどわからない」生徒ほど多い。他方、「自分たちで課題を見つけ、考えたり調べたりする授業」や「自分の興味や関心のあることを学べる授業」については、今度は逆に勉強の「よくわかる」生徒ほど期待している。この結果から、次のような類推が可能になる。すなわち、教師にとっては、生徒が「自分たちで課題を見つけ、考えたり調べたりする授業」や「自分の興味や関心のあることを学べる授業」をやっているつもりでも、やり方次第によっては、そのまったく同じ授業が、「自由に好きなことができる授業」として勉強のわからない生徒に歓迎される可能性がある、ということだ。こうした授業は、勉強の不得意な生徒にとっても、「楽しい」時間となるのである。しかし、これでは「結局何を学

図27　授業に期待する事柄と「勉強の理解度」との関係

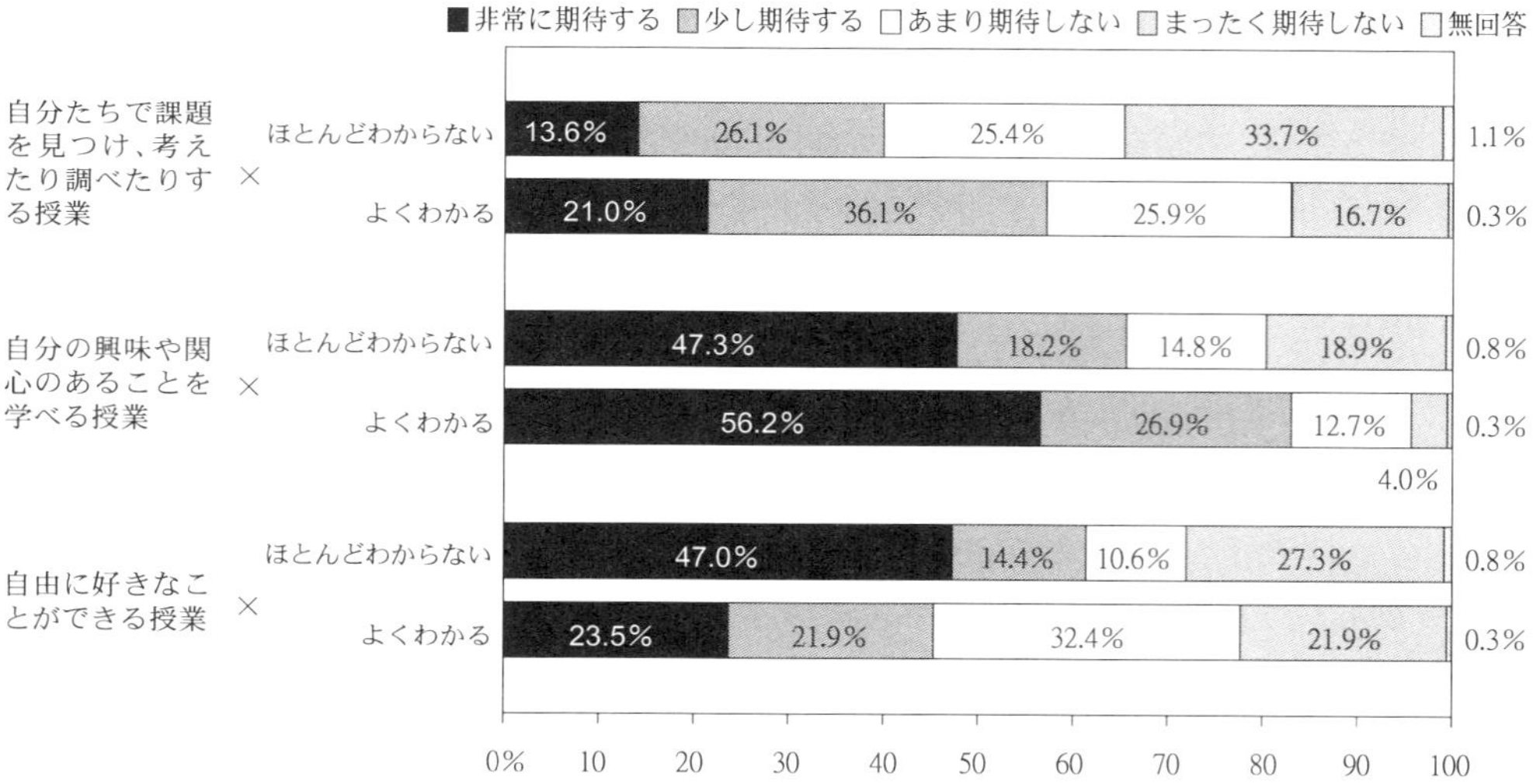
■非常に期待する
少し期待する
あまり期待しない
まったく期待しない
無回答
自分たちで課題を見つけ、考えたり調べたりする授業
×
ほとんどわからない
13.6%
26.1%
25.4%
33.7%
1.1%
よくわかる
21.0%
36.1%
25.9%
16.7%
0.3%
自分の興味や関心のあることを学べる授業
×
ほとんどわからない
47.3%
18.2%
14.8%
18.9%
0.8%
よくわかる
56.2%
26.9%
12.7%
4.0%
0.3%
自由に好きなことができる授業
×
ほとんどわからない
47.0%
14.4%
10.6%
27.3%
0.8%
よくわかる
23.5%
21.9%
32.4%
21.9%
0.3%
0%
10
20
30
40
50
60
70
80
90
100

習したのかわからなくなってしまう」。しかも、そのしわ寄せは、勉強の不得意な子どもに集まりやすい。それもこれも、教師の判断力にかかっているのだが、その判断力をいかに養成できるのかが不明なのである。

教師に助言する立場の人びとにとっては、その場に居合わせない以上、(研究授業にしばしば見られるように)成果の発表の場だけに立ち会っても、そこに至る過程で子どもが何を学んでいるのかを見通すことは容易ではない。それだけ、授業改善のための具体的なアドバイスをすることもむずかしいということである。

つまり、子どもが活動を通して何かを学んでいるのと同時進行で、教師たちもまた、指導法を学んでいる。そうみなさないかぎり、「生きる力」の教育は実現しない。これを「子どもとともに学ぶ」という美辞麗句でとらえてしまうと、子どもによっては活動を通して多くを学ばない場合が出てくるのとまったく同じように、教師によっては、同時進行の活動中心の授業を通して、指導法の改善をほとんど身につけない場合も出てくる。

知識伝達の重要性を軽視した活動主義の教育からは、子どもの学習も教師の学習もともに活動に埋め込まれ、子どもにとっても教師にとっても、何が理解され定着しているのかがわからないまま、形の上では活動が進行する。しかも、学習の成果・教育の成果が外から見えにくい分、「学ばない主体性」は子どもの場合も教師の場合も同様に隠されてしまう。その上、一学級あたりの児童・生徒数の多さも、教師の多忙化もこのようなことを実現する上での制約となるのである。

こうして制度的基盤の不十分な中で、全国一斉に「生きる力」の教育を推し進めていけば、何が生じるのか。力と意欲のある教師には、自由度の高まる実践の機会を提供することになるのだろう。そうした教師のもとで学べる子どもにとっても、これまでの教育とは違う何かを身につける機会になるのかもしれない。しかし、こうした一つひとつの教室レベル、授業レベルでの可能性の話と、公立の小中学校だけでも六五万人を超える教師に「法的拘束力」をもつ学習指導要領の枠組みとして全国一斉に実施を求める制度としての問題点とを混同してはならない。私たちが複数の教育委員会で進めている聞き取り調査によれば、指導主事をはじめ教師を指導する立場にある人びとにとっても、どうすればうまくいくのか、具体的で明確な答えをもちあわせていないのが現状である。その意味でも、普通の学校で普通の教師たちが十分な成果をあげるための制度的なバックアップは十分とはいえない。それゆえ、教師や学校の「創意工夫」という常套句は、「生きる力」の教育の失敗を子どもや教育現場だけに押しつけるレトリックとなりかねないのである。

2　現実と理想のコントラスト

†理想の魅力・光と影

教師の力量形成といった点だけ見てもこれだけの困難な条件があるにもかかわらず、「子ども中心主義」をもとにした「生きる力」の教育は、少なくとも理想としては多くの人びとの共感を呼ぶ。実現可能性という判断を横に置けば、できればそういう教育をめざしてほしいとの人びとの願いが、教育改革を推し進める潜在的な力となっている。

しかし、このような理想が強く押し出されてきた背景をもう一度考え直してみる必要がある。具体的な実現の手段を欠いてさえも人びとに受け入れられる理想は、そのメッセージが持つ力に加えて、理想を押し出してきた背景の「暗さ」によっていっそう引き立てられているように見えるからである。

本書を通じて明らかにしてきたように、「過度の受験競争」を教育問題の「元凶」とみなす見方に私たちの教育認識は強く縛られてきた。高校入試からの偏差値追放や大学入試における試験科目の削減や推薦入試・AO（アドミッション・オフィス）〔注2〕入試の導入など、直接入試に関係する改革の試みはいうに及ばず、受験や入試との結びつきから教育を解き放とうとする試みが、「子どものため」の教育を標榜する教育改革を先導してきたといっても過言ではない。

たとえば、入学試験全般を罪悪視し、忌避するという感情に導かれることによって、私たちは教師が知識を教えることを、知識の「詰め込み」とみなすようになった。しかも、学歴は肩書きだけで実力とは結びつかないという学歴社会の神話に囚われることによって、私たちは「学校が伝達する知識は役に立たない」という知識無用論を何の検証もなしに受け入れてきた。受験にしか役立たないとみなされる知識を教えることは、詰め込み教育である。そういった「学歴社会＝受験教育」への反動が、過度の知識軽視を生み出してきたのである。

その結果、「詰め込み教育」のラベルを貼られないようにと、子どもへの「指導」ではなく「支援」こそが教師の役割だという考えが「新しい学力観」のもとで導入され広まった。しかし、とりわけ小学校レベルでそれが行き過ぎた面もあり、学習における理解や定着をおろそかにする風潮を一部で生んでしまった。

外から与えられるインセンティブ（やる気を引きだす誘因）に導かれた、受験を目当てにした学習を罪悪視することへの反動からも、子ども自身の学ぶ意欲を学習の中心に据えようとする「子ども中心主義」の教育が唱えられた。そして、意欲を高めるためには子どもの体験や活動が重要だとの見方に導かれ、活動主義・体験主義的な教育の試みが導入されてきたのである。理想のまばゆさを増す、背景としての過去の暗さ。そのコントラストの強さが、現実を見えにくくさせ、手段を欠いた理想を受け入れさせる基盤となっているのである。

日本の小学校は何をしてきたのか

この強いコントラストは、理想の危うさを隠すだけではない。日本の学校に何ができるのか、普通の教師に何ができていたのかという現状をも正確に見通す視線を弱めてしまう。

小学校教師向けに出された文部省による「新しい学力観」の解説書にあったように、はたして、「教師が一方的に子供たちに教え込む指導」(文部省『新しい学力観に立つ教育課程の創造と展開』一九九三年)が、本当に日本の小学校で広く行われていたのだろうか。

第2章でもその一部を紹介したが、新しい学力観が出された二年後に特集を組んだ雑誌『現代教育科学』(一九九四年一月号)において、国語を例に「批判する側の言い分」を書いた大槻和夫氏は、その論考の中で、次のように述べていた。

「従来の学力観」とは、「受動的に学習内容を理解したり、知識を暗記したり、形式的に技能を習得したりすることを重視した学力観」だという。確かにここで言われるような学習指導は存在したであろう。しかし、そういう学習指導は「学力観」から生まれたものであろうか。私の知るかぎり、多くの教師はこういう「学力観」をもっていなかった。むしろ逆である。子どもたちの学習意欲をどう高めるか、子どもたちの主体的学習をどう成り立たせるか、子どもたちに豊かで確かな学力をどう保証するかに腐心し、努力を重ねてきたのではなかったか。もしそうなら、その努力の成果として何が得られ、何がなお足りないのかを明らかにし、望ましい学習を歪めている原因をつきとめて、それを除去する対策をこそ講じるべきである。

（「国語科教育改革の理念としての『新学力観』」）

大槻氏の見方を裏付ける研究もある。アメリカの教育研究者たちが、日本の教育の「成功」の秘訣を探ろうと、学校に入り、詳細な観察を含め、教師の教え方について行った研究である。そうした研究によれば、「新しい学力観」導入以前の日本の小学校では、「バランスのとれた、目標の明確な、〈子ども中心主義〉の教育」が行われていたといわれているのである。

図28—31は、小学校の算数の授業について、仙台市内にある一〇校の公立小学校と、シカゴ市内の六校の公立小学校、五校の私立小学校、シカゴ郊外の六校の公立小学校を対象に、教師の教え方についての詳細なフィールドワークを行った研究からのものである（調査時期は一九八〇年代後半から九〇年代初頭である。Stevenson,1996）。図28は、授業の場で、教師が児童の解答をディスカッションに利用した頻度を示している。ここから、一年生でも五年生でも、仙台の学校のほうが、教師が児童の解答（誤答を含む）を授業で使う機会が多いことがわかる。図29は、ドリルの頻度を示しているが、シカゴの学校のほうがドリルにより多く依存している。また、子どもの誤答を失敗として叱責するのではなく、子どもたちが自分たち自身で解答の正しさや誤りを評価しあう活動においても、仙台の学校のほうがよく行われていた（図30）。最後に、子どもたちの学習を動機づけるために、学習内容を日常的な文脈に位置づけようとする試みについて調べた結果によると、図31に示すように、五年生では、そうした意味づけを行う授業は、仙台の学校のほうが圧倒的にシカゴの学校より多かった。

アメリカでは子ども中心主義の教育が行われているだろうという日本人のイメージとは異なり、さらには、日本の学校ではドリルばかりで子どもの参加を得た授業を行っているはずはないと見るアメリカ人のイメージとも異なり、新しい学力観導入以前の日本の小学

図28　生徒の解答を使って詳しく説明する

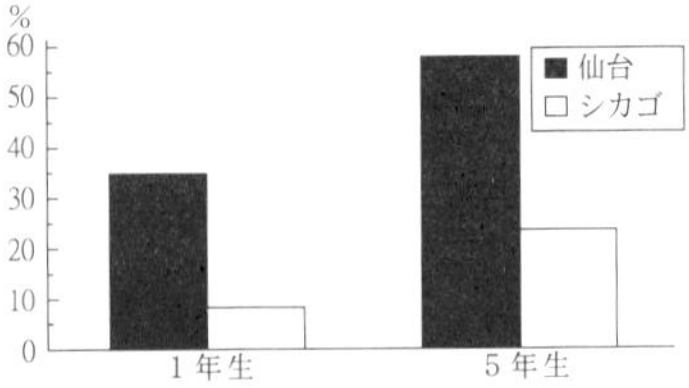

図29　ドリルを使う頻度

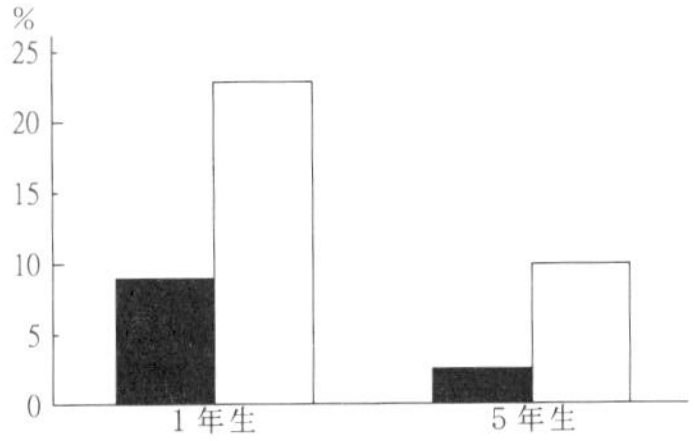

図30　生徒が解答を評価しあう

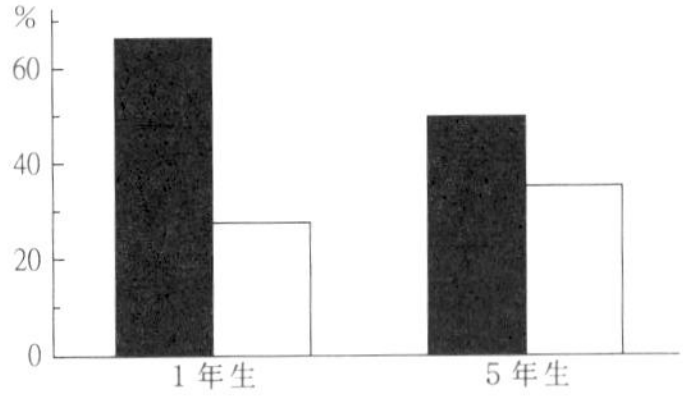

図31　学習内容の意味づけを行う

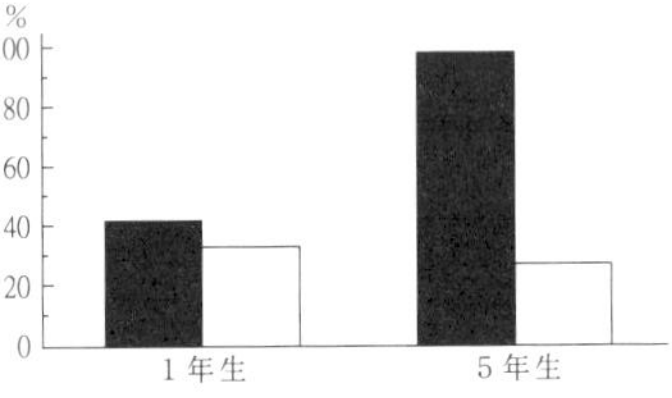

校は、知識の理解や伝達という面で、学習に意味をもたせ、子どもたちの意欲を高めようとする実践を行っていたのである。国語と算数という教科の違いはあるが、大槻氏のいう「子どもたちの学習意欲をどう高めるか、子どもたちの主体的学習をどう成り立たせるか、子どもたちに豊かで確かな学力をどう保証するかに腐心し、努力を重ねてきた」ことが、アメリカ人の詳細な観察研究からも裏付けられていたのである。

†知識伝達まで否定した「子ども中心主義」

ところが、「知識の詰め込み」教育を批判する視線は、こうした実態を十分にとらえることもなく、日本の小学校の教育を、より一層の「子ども中心主義」の教育へと導こうとした。子どもの参加を促しながら知識の伝達と理解を行ってきた基盤をも一面的・否定的にとらえたのである。大槻氏はその危険性をすでに九四年の時点で次のように指摘していた。

子どもたちの自然発生的な「自発性」に依拠するのではその学習は偶発的なものとなり、その結果十分な学力を育てることはできない。子どもたちの興味や関心は、教師のはたらきかけによって子どもたちから引きださなければならない。（中略）「新学力観」に立つ授業では、教師の役割は「学習者の支援者」としてとらえられており、子どもたちの認識をゆさぶり、それらを組織し、発展させる「指導者」としてはとらえられていないように思われる。もしそうなら、この授業観は、子どもの認識の発達に責任を負わない授業をはびこらせる結果を招かないとも限らない。（一八ページ）

そして、その後に起きたのは、まさに大槻氏が危惧した、「教師のはたらきかけ」からの退却であった。いくつかの小学校でフィールドワークを行った志水宏吉氏らの研究『のぞいてみよう！　今の小学校』（有信堂高文社）にも、そうした例が報告されている。また私たちが行っている教育委員会、教育センター、学校などで指導主事や教師を対象にしたインタビュー調査においても、同様の事態が起きていたことが確認されている。当時教師として現場にいた、ある県の指導主事は次のように言う。

支援と称して非常に手抜きです。甘やかす。徹底して教えない。だから、本当の支援をするためには徹底して教えなければできないのではないか。ところが、してはいけない。子どもが自ら学ぶまで待つのだと。（中略）私は支援という言葉が非常に象徴的だと思うのです。だから、子どもをあまり叱ってはいけない。もちろん、むやみやたらに叱ってはいけないのですが、叱るべきところで叱らなかったり、教えるべきところで教えなかったりという風潮は若干あったと思います。

子どもの自発性を尊重する「指導より支援」の理想は、「教えるべきところで教えない」教師に、正当性を与えてしまったのである。また、小学校の教師は次のように述懐する。

（新学力観）の奥で、読み・書き・算、九九ができていない子はどうするのと思っていた先生もいらっしゃいましたけれども、それが前面には出てこられない雰囲気というのは、（平成）元年から四、五年はあったような気がします。どの研究会を見ても、ぱーっと授業をして、「はい、楽しかった。良かったね、この時間は、はい終わります」。じゃあ、いったい、この時間で何が身についたのというような。授業の展開というのは置き去りにされていました。それが、やはり四、五年を過ぎて、学力低下というのがすごく、旧読み・書き・算の学力低下（が出てきた）ですね（小学校教員）

その結果、「旧読み・書き・算の学力低下」として語られるように、旧来の「教え込み」による学力として転換が図られた部分に不安が出始めた。ところがそれでも、そうした問題を前面に出せないほど、新しい学力観の導入には力が込められていた。旧来の見方にしたがった学力が多少低下しても、「新しい学力」がつくことを優先する姿勢が教育現場に広まっていたのである。

第4章でのカリフォルニアで言われた言葉がよみがえる。「たらいの水と一緒に赤ん坊も流してしまったようなものだ。学習には、必ず、むずかしいことや、楽しくはないが大事なことも含まれているのだから」。

†構成主義の見方

一部の教師による退屈な「詰め込み教育」があったとしても、それと一緒に良質な教え方も「教え込み」であるかのように誤解された。こうした誤解を生みだす温床に、「過度の受験競争」という、現実の教育を闇としてとらえる見方と、その対極にある子ども中心主義の教育を希望の光と見る見方との強烈なコントラストがあった。

それでは、たらいの水と一緒に流された「赤ん坊」とは、いったい何だったのだろうか。この問題を考えるために、アメリカの子ども中心主義の教育でいわれる、構成主義という考え方をとらえ直してみよう（ここでの議論は、Hirsch 1996 を参考にしている）。

構成主義とは何か。簡単に説明すれば、学習や記憶というものを、学習者が、たんに知識や情報をインプットされ、脳のなかに貯蔵されるという受動的なメカニズムとして見るのではなく、学習者が主体的、積極的にかかわり、それまでの体験や既存の知識と関連づけながら、知識や情報を（再）構成していく過程として学習をとらえる理論である。そして、記憶された情報はたんに受動的に貯蔵されるものではなく、学習者が積極的に構成するものだと見ることから、構成主義と呼ばれている。

ここから、学習者の主体性や積極性を価値づける見方が導き出される。子ども中心主義の教育論が、構成主義を理論的支柱とするのも、体験主義・活動主義の学習観が、学習者の主体性・積極性を基盤にした教育論だからである。

しかし、このように構成主義の理論を、体験的学習を重視する子ども中心主義の教育とのみ結びつける見方には問題がある。子ども中心主義の教育を批判してきたハーシュによれば、体験学習の有効性を根拠づけるはずの学習心理学の構成主義は、その理論が普遍的に他の学習にも適応できることを（故意にか）忘れている、という。それに対し、構成主義の考え方は、有意味性を重視するあらゆる学習に適用可能だというのが、ハーシュの主張である。ハーシュは言う。

言語の有意味性を含んだ学習は、いかなるものといえども、あきらかに構成された学習なのである。（中略）講義を聴いて学ぶという学習の過程においてさえ、その有意味性は、学習者によってアクティブに構成されていなければならない。聴くという行為でさえ、読みと同様に、受動的な、純粋に受け入れるだけの行為とはほど遠いのである。

†失われた「知識を受け取る主体性」

この主張が正しいとすれば、学習者にとって学ぶことの意味を高める方法は、体験学習や活動型の授業だけに求められるのではない。わかりやすい「有意味な（meaningful）」学習とは、すでに学んだことがらや獲得している知識・経験との関係がとらえやすい学習である。そうだとすれば、多くの教師たちがこれまでなじんできた教授法においても、構成主義の考え方は当てはまるのである。

さらに、ハーシュによる心理学研究のレビューによれば、問題発見や問題解決能力を身につけるうえでも、体験学習が有効な手段とはいえないことを示す研究成果がある。むしろ、問題を発見し、自ら解決する力は、それまでに得た知識に依存するというのである。うまく学習者の有意味性をとらえて知識の伝達が行われるならば、より有効に組織的に編成された授業の提供が可能になる。このように明確な体系と有意味性をもった授業は、マイノリティや貧困層の多い学校においても有効な教授法であることが、アメリカの教育研究者たちによって指摘されている。そして、同様の視点を共有するアメリカの教育研究者が、「新しい学力観」導入以前の日本の小学校を観察して、バランスのとれた「有意味な」学習が行われていたと見ていたのである。

これらの考察が正しいとすれば、日本の小学校の教育を「教師が一方的に子供たちに教え込む指導」とみなし、より一層の子ども中心主義を求めた教育改革は、それまでの適切なバランスを崩す方向に教育を変えてしまった可能性がある。学習の導入部において、子どもの興味や関心を高めようとする授業が重要だとしても、そこでの関心や興味が学習の実質に結びつき、理解を高め定着させることがどれだけ図られたのか。そこにまで実践が及ばなければ、「その時その時・その場その場」の楽しさだけを強調する授業に終わってしまう。私たちの聞き取り調査でも、当時、ある県の指導主事として小学校を見てきた、現中学校の校長から次のような証言を得ている。

（授業の）導入がですね、先生方がいろいろな小道具を作って、変わったなあと。本当に、子どもたちが、おーって、おもしろいなあ、何だろうなあって興味関心を持たせるような。小学校算数なんか特にですね、あっと驚くようなものを持ってきて提示して、二十分、二十五分（と、授業時間の）半分くらいかける。子どもたちの興味をつかんだ頃、これを解くにはどうすればいいかと、三つなら三つの方法を、黒板に発表させて説明させて、そうしているうちに四十五分の時間がたってしまいますね。そうすると、先生の方では、もう時間がないものだから、最後には誰クンのこれ（方法）でやりたい人はこれでやりなさい、どれでもいいですよって。

子どもの興味をもたせようとするあまり、せっかくもてた興味を、学習の定着にまで結びつけることのできない授業が増えてしまったというのである。

さらには、子どもたちに自分たちの考えを発表する機会さえ与えれば、それがそのまま「自ら考える」力の育成につながるといった短絡的な発想も、形ばかりの「主体的」な学習にとどまるのであろう。

もちろん、学習に意味をもたせる工夫が必要なことはいうまでもない。とりわけ、中学校や高校では、教育内容の高度化・複雑化に伴い、教育における知識伝達の比重が高まらざるをえない。そのために、これまで以上の工夫が求められているといえるだろう。だが、それにしても、それは「教えるということ」の大きな枠組みの中に位置づけられる授業のやり方の問題であって、学ぶ側の自由（教育改革の言葉を使えば「主体性」）にまかせられることではない。学ぶ側の主体性は、知識の受け取りにおいても重要な要因なのであり、そうした主体性を引きだせるように学習を意味づけることが、教師が「教えるということ」の基盤にあるはずなのである。

そのためには周到な準備が必要である。学習者一人ひとりへの目配りも欠かせない。そうした十分な準備を怠ったまま、学習者の参加をもとに活動中心の学習を行おうとしても、学習の内実を伴わない形式的な参加や活動にとどまるばかりだ。一見子どもの立場に立った教育の理想が、その場その場の楽しさは提供できたとしても、その後の学習にとって基盤となる知識の理解や定着をなおざりにしてしまえばどうなるのか。その行き着く先が、学年進行とともに学習が苦痛となる子どもを増やしている可能性は否定できない。しかも、第4章で見たカリフォルニアの教訓が教えるように、うまくいかない場合には、そのしわ寄せは、学ぶ力の弱い者に集まるのである。

3 教育改革の幻想から逃れて

†迷走する教育改革

第1章で紹介した寺脇氏との対談の中で、その後の改革論議に影響を及ぼす発言が飛び出した。「学習指導要領はミニマム（最低基準）である」という発言である。その発言は、次のような流れの中で出てきた。

（寺脇）できちゃった子が次をやろうとしたって問題ない。そういう意味で今度は学年にもかなり幅を持たせた指導要領にしている部分もあるし、それから当然、中学校の選択教科は、学習指導要領より上のことを教えられますよね。そこまでやった子は次のことができるようにしますよということ。指導要領は全員に共通して教えるミニマム（最低線）だということです。（中略）いま、「学習指導要領を超えた教育をしないで」と言ってるのは、受験学校が全員にそれを強制してやることに問題があると言ってるんで、いまでも学習指導要領というのは全員に保証するミニマムですよという意味ですから。

（中略）

（苅谷）それは、学習指導要領の考え方としては、非常にドラスティックな変化じゃないですか。そこまで明言されてはいませんでしたよね、いままで。
（寺脇）決めたことも教え切れていないのに、その上のことなんて言えた義理じゃなかった。今度はみんなわかるわけだから、もっとやりたいことが当然出てくるという前提に立たないといけない。（『論座』一九九九年一〇月号、二一七―二一八ページ）

これらが示すように、学習内容の削減によって、できる子どもたちには指導要領より

「上のこと」を教える余地が残されている。しかも、内容の削減によって、「今度はみんなわかる」ようになるのだから、「もっとやりたいことが当然出てくる」。そのことを裏返すと、学習指導要領はミニマムだというとらえ方になるのである。つまり、これまでの指導要領は、詰め込み過ぎで「決めたことも教え切れていな」かったし、だから「その上のことなんて言えた義理じゃなかった」。ミニマムとは言えない事情はそこにあった。ところが、今回からは内容を減らしてみんながわかるようになるのだから、学習指導要領は最低基準としての性格をもつようになるのだ、というのである。

その後、学習指導要領＝ミニマム論は、文部科学省の公式の見解として認められ表明された。ところが、新聞報道によれば、小中学校用の教科書検定の場では、指導要領は『絶対基準』扱いされ、その内容を超えた記述はほとんど削除や修正を求められた」。とくに算数・数学や理科では、「新要領で限定・削除された内容に付され」「これまでコラムや欄外なら許容されてきた発展的な記述にも意見が付され、教科書会社側は大幅な修正を余儀なくされた」(「読売新聞」二〇〇一年四月四日付朝刊)。しかも、教科書の検定に当たった審議会の委員の間でさえ、こうした削減に疑問の声が上がった。同日の「読売新聞」の報道では、数学・算数の委員が「仲間内で『ここまで削減していいものか』と話した。だが、指導要領の範囲内か否かをチェックするのが我々の役目だから、疑問を感じながらも一つの型にはめざるをえなかった」と話し、理科担当の委員からも「厳選検定の背景には、授業時間減を受けた文科省の意向が強く働いた」とのコメントが紹介されている。

他方で、文部科学省は、小中学校で教科書の範囲を越えた内容を教えるための教師用ガイドブックをつくり始めた。「学習指導要領は全員が一律に身につけるべき最低基準」との方針でつくられた教科書では、理解の早い生徒の「浮きこぼし」が問題になる。こうした懸念に、教科書ではなく副教材などで対応することが求められているからである。「全員が百点」がとれるようになるのだから、それ以上の教育を行うのも、教師や学校の務めとなるという見方である。しかし、その結果「下に手厚い」指導がおろそかになるとすれば、問題である。

さらには、学力低下の問題提起に応えるためか、「基礎・基本の徹底」もいわれ始めた。文部科学省からは、以前にも増して、「定着」ということが強調されるようになっている。「全員が百点」をめざして内容を削減したものの、その実現を危ぶむ声が出始めたことへの対応ともいえる。その結果だろうか、「基礎・基本の徹底」はドリルや宿題ですませ、それとは別立てで「総合的な学習の時間」を組織しようという動きが始まっている。しかし、そうなれば、理解も定着も図れないまま、形だけの活動主義的な授業が広まるだけだろう。先に引用した、長年総合学習を行ってきたI小学校の教師が言ったように「どっちつかずの中途半端は、結局何を学習したのかわからなくなってしまいますよ」の事態が広がろうとしているのである。

こうして「詰め込み（基礎・基本）」と「ゆとり（生きる力）」の間を行き来する振り子のように、教育改革をめぐる議論は揺れ動く。その根底には、教育の問題を、あれかこれかといった二分法で見る見方が横たわっている。教育の現実を「詰め込み教育」とみなし、それへの反動から「生きる力」の教育をめざす。あれかこれかの二分法から抜け出ることができないのは、日本の教育の「全身状態」をとらえる視点をもたないまま、ステレオタイプの教育観にしたがって現実を批判する一方で、理想を手放しで称揚する教育改革の幻想に私たちが囚われているからである。

†公教育の責任

それでは、幻想に囚われることなく、どのようにこれからの教育を構想していけばよいのか。最後に、これまでの検討をふまえて、教育に何ができるのかを、具体的提案にまでは至らないものの、議論の出発点として考えてみたい。

ひとつの出発点は、学校の役割をどのようにとらえるかにある。戦後の教育は、結果的にさまざまな役割を学校に期待してきた。「全人的」な教育をめざすことが学校の機能肥大を引き起こしてきたのである。それをスリム化しようという流れに逆行するように、「生きる力」の教育は（「心の教育」とともに）、ますます多様な役割を学校に課そうとしている。

しかし、家族や地域社会とは異なり、公立学校は税金によって運営される公共の制度である。政策の変更や行政のあり方次第で、その内実を変えうる公的な機関であることを忘れてはならない。そのような学校が他の機関よりも専門性において求められるのは、なによりも「知的」な側面での子どもの教育である。その面での学校の責任は大きい。学校という機関以外では公共的に提供できないサービスが、知的な面での教育なのである。

この点を確認したうえで、これまで日本の学校や教師ができていたこと、普通の教師にできることをベースに、教育のどこを変えていけばよいのかを考えていく。改革に不可欠な問題があれば、どのような条件のもとでそれが実現可能になるのかを、とりわけ学校に提供される人的・物的・時間的な資源の再配分を含めて検討する。なかでも、教師が身につけることのできる教授法の改善策を具体的な形で提供し、しかも普通の教師が通常の勤務形態のもとで習得可能なように、研修プログラムを策定する。そのためのインセンティブを提供することも一考に値するだろう。自習可能なものも含めて、各地方で教員研修のための優れた教材を開発するだけでも、「創意工夫」の名のもとに個々の教師が改革の最前線に投げ出される現状よりはましなはずだ。

　具体的な改善手段を提供できる改革目標に、優先的に資源投入をしていく。そのためには、今の学校、今の教師に何ができるのか。まさに日本の教育の実態を、その潜在的な能力を含めて正しく診断しておくことが求められるのである。

　潜在的な能力を含めて、おそらく日本の学校にできることは、知識の理解や定着を基盤とした教育であろう。その改善をはかるための授業の工夫もまた、知識をベースにしている。それゆえ、知識の構造化を明確にできれば、研修可能である。小学校を中心に、これまで日本の教師たちが実践してきた有意味な学習を、もう一度教育改革の中心に位置づけ直す。つまりは、イベント的な学習ではなく、日常的に行われる学習の水準を高めることに資源を傾注する。そして、それを土台に、いかにすれば問題発見・問題解決につながる方法があるのかを、具体的なカリキュラムとしていくつものモデルを提示していくのである。もちろん、そこに体験的な学習を含めてもよい。しかし、なにがなんでも、「初めに『総合的学習の時間』ありき」で全国一斉に推し進めていくのは、これまでの検討からあまりに無理があることも確かなはずだ。

　現在の改革は、学級担任制をとり、子どもの年齢も低い小学校を中心に進んできた。変わりやすいところがもっとも早く変わったのである。しかし、その変化は前述の通り、知識軽視の傾向に走りやすいものであった。それに対し、中学校や高校では、受験に頼った教育が行われてきたこともまた事実である。ところが、少子化に伴い、高校も大学も実態において入りやすくなった。一部の学校を除けば、大多数の子どもたちが受験する高校や大学は、学習をドライブするだけのインセンティブとしての力を弱めている。その背後には高学歴化の進行、さらなる「大衆教育社会」の進展があることは間違いない。学歴インフレが生じることで学歴の価値が低下し、受験をめざす教育がインセンティブとしてははたらかなくなるのである。

†現実を受けとめ理想を鍛え上げるために

このような事態に対し、知識の伝達と理解を主とするにしても、学習の意味づけを変えられないままの教育が続くのならば、中等教育段階の教育は、ますます困難になるだろう。小学校段階で進むより一層の「生きる力」の教育の影響を受け、基礎的な知識や理解力に欠ける生徒が増えていくからである。知識の重要性が高まる学校段階であればこそ、知識の理解と定着における工夫、有意味な学習を促す試みが求められる。知識の専門化が進むだけに、「総合的な学習の時間」も、小学校以上に教科との関連を見いだす必要がある。これは教材開発、カリキュラム開発の問題であって、各人の創意工夫にだけ頼れるものではない。大学などの専門家の援助を動員して、中等教育レベルの教材開発を進めていく必要がある。

また、受験を忌避するのではなく、入試における出題を工夫することで、「考える力」を要する、知識の関連を問う問題を開発していくことも重要だろう。それができれば、受験勉強は、たんなる「知識の詰め込み」「知識の量」だけをめざしたものではなくなる(現在でも優れた入試問題にはこうした特徴が備わっている。ただそのことに関心が向けられないだけである)。

これらのことを実行するのに、全国一斉方式をとる必要はまったくない。むしろ、地方ごとのペースに合わせて改革を進めるほうがよいだろう。全国一斉の改革は、画一的な教育がメインの時代にはある程度有効だったのだろうが、個別性・柔軟性を追究する教育を行おうというのであれば、そもそも不適切でさえある。文部科学省は、ナショナル・ミニマムを補償したうえで、各地域間の情報交換を円滑にするためのネットワークづくりと、政策評価を含めた情報提供に専念すればよい。学校の特性を活かそうというのであれば、教育改革のやり方自体を分権化していくことが求められるのである。

こうした分権化を視野に入れ、学習指導要領はミニマムであるとの見解をもとに、初めからそれを前提にした学習指導要領の再改訂と、それに見合う教科書制度の見直しにただちに着手すべきである。「失敗」があらわになってからでは遅すぎる。

ここで述べたことは、どれも当たり前にすぎることかもしれない。抽象度もまだまだ高すぎる。目新しさも見当たらないだろう。だが、今までの改革は、その実効性を評価することもなく、目新しさを追いかけすぎたのではなかったのだろうか。税金によってまかなわれ、多くの人びとに影響を与える公教育という社会的事業であるからこそ、実現性の乏しい理想に流されることなく、今、できていることを基礎に、少しでもよりよくするための具体的な手だてと資源を提供する。幻想から逃れた教育改革の発想とは、こうした当たり前の考えを出発点におくものである。

現実との対話を欠いた理想は、実現のための手段を見失うために、容易にイデオロギーへと転化する。イデオロギーとして、その視点から現実の教育を批判しえても、それを改善する手だてを具体的に示すことはできない。これでは教育の理想は、空虚なたてまえとして、現実との乖離を押し広げるばかりである。

理想を再生させるためにも、現実をくぐり抜けることによって、理想を鍛え上げていくしかない。教育改革の幻想を取り除くのは、そのための一歩である。

注1 「総合学習」におけるこうした判断の重要性と大変さについては、清水睦美氏が、長年総合学習の実践を積み上げてきた小学校でのフィールドワークによって明らかにしている。清水睦美「『総合的な学習の時間』がやってくる」志水宏吉編著『のぞいてみよう！ 今の小学校』有信堂高文社、一九九九年。

注2 AO（アドミッション・オフィス）入試とは、入試の実施に当たる専門の機関（アドミッション・オフィス）を置き、学業成績のほか、文化・スポーツ・ボランティアなど課外での活動実績、面接などを総合して勘案し、大学の使命や校風に適した学生を選抜する制度。

あとがき

教育の議論をしていると、どうしても子どもに目が行きがちになる。子どもに目を向けずに教育を語ることは、正しい教育の論じ方ではない、といった主張がなされることも少なくない。「子どもが目に入っていない」「子どものいない教育学だ」等々、子どもの主体性を大切にしようという善意が、教育論議にはあふれている。教育とは、子どものためを思う善意のかたまり、であるかのような印象さえ受ける。

私は、こうした考えを否定するつもりは毛頭ない。一人ひとりの子どもを大切にすることは、教育を考える上での一つの起点である。ところが、子どもに話が行くあまり、現代社会において、教育が巨大なシステムをなしており、経済や政治や文化、さらにはグローバル化といった現象と不可分に結びついていることを忘れがちになる。それは、日本の教育論議の特徴である。一人ひとりの子どもの学習や成長を語る水準と、公立の小中学校だけでも六五万人以上の教師が働き、さらには年間二〇数兆円の教育費を使い、行財政を司り教育の運営にあたる官僚機構を有する巨大な制度について語る水準とを意識的に区別しないと、少なくとも教育改革については実りある議論はできない。

私自身、「学力」の問題を一つの切り口に、進行中の教育改革を反省的にとらえるための研究を行い、議論を積み重ねてきた。その議論の過程で、気づかされたことの一つが、ここに述べたミクロとマクロの視点の違いである。それが議論のすれ違いを生んでいた。そして、もうひとつ気になったのが、「べき論」と「である論」のすれ違いである。子どもたちが「自ら学び、自ら考える力」を育てたい、育てるべきだ、といった主張は間違っていない。そうした教育をめざすべきことについても、異論を挟むことはむずかしいだろう。しかし、どうすれば、それが巨大な学校制度全体で、しかも法的拘束力をもって一斉に取り組まれる実践として実現し、可能になるのか。教育の実態をみる「である論」をふまえて考えてみなければ、あるべき姿に届かないまま、理想が理想として空転しまうことが多いのである。

しかも、優れた実践例をもとに「べき論」が語られる場合に、その善意は、なるほど一つの現実をふまえているだけに、説得力を持つ。だが、どうしてほかの教師や教室、ほかの学校やほかの地域では、そうした優れた実践ができないのか、それを可能にするためには、どのような条件が必要なのか。こういう制度レベルの話に届かないまま、「べき論」として語られることが多いのである。

このような思いを抱えながら、本書を書いてきた。その真意は、現実論から理想を否定することでも、その価値を貶めることでもない。理想が現実を引っ張っていけるようにするためには、理想と現実との相互の関係を教育論議に取り戻すことが重要だと考えてのことである。

第5章では十分書ききれなかったが、私は、これまでの中央や上からの教育改革は、すでに限界に達していると思っている。地域や学校の「創意工夫」を本当に大切にするのであれば、地域や学校がもっと規制から逃れて、教育の編成をできるように、教育改革の決定のプロセスや実行のプロセスを分権化していくほうがよいのではないかと思うのである。「中央」教育審議会などが決めるのではなく、教育改革自体のやり方をもっと学校現場に近いところに降ろしていくのである。そうすれば、学校現場からのフィードバックも容易になり、それぞれの事情に応じた多様な教育の改革が実現できるだろう。

失敗するところがあったとしても、そこから学べばよい。中央の役割は、ナショナルミニマムの保証と、改革について互いに学び合う機会を広げるためのネットワークづくりに専念する。地方ごとに、教育研究の専門家の知識も借りて、それぞれに見合った教育改革を推し進めていくほうが、学校や教師の創意工夫を求める教育には相応しいと考えるのだ。

学習指導要領がミニマムだというのなら、本当に、それを大前提とした教育改革のやり方自体を練り直したらよい。教科書制度や、教員研修のやり方についても、それに合わせて変えて行く必要があるからだ。それを中央から発想するのではなく、ある程度のまとまりを持った地域の単位で考えていく。教育制度に多様性を持たせるのなら、教育改革のやり方自体を多様化していくことが必要だと考えるのでる。

いずれ、別の機会があれば、教育改革のやり方自体をいかに改革するかについて、突っ込んで考えてみたいと思っている。理想と現実との相互の関係を十分つけるためにも、教育改革のあり方自体を議論の俎上にのせる必要がある。

最後に、本書の成り立ちについて書いておきたい。編集担当の山野浩一さんから、新書を書いてみないかとのお誘いを受けたのは、今から五年も前のことである。当時、私はほかにもさまざまな仕事を抱えており、しかも途中、一年近く海外に出かける機会が挟まった。当初は、大学教育をテーマにした新書になるはずだった。だが、学習指導要領の改訂が発表された直後の九八年末に帰国後、私は、学力問題を中心に、教育改革の論議に加わることになった。それこそ、自分でも思っていなかったほど、この問題にかかわり、忙しくなってしまった。

そこで、方針を転換し、教育改革自体をテーマに新書を書き下ろそうということになった。本書は、こうしてできあがったものである。この間、山野さんには本当に辛抱強く待っていただいた。二〇〇二年四月からの新指導要領での教育が始まるまでに、本書を間に合わせることができたことで、なんとか胸をなでおろしている。

新しい学習指導要領のもとでの教育は、どうなっていくのか。幻想に囚われることなく、多くの人びととともに、その動きを注視していきたい。軌道修正のための議論も必要となるだろう。本書が、そのための助走路となればうれしいかぎりである。

二〇〇一年十二月

苅谷剛彦

*参考文献

赤尾勝己他編『教育データブック2000—2001』時事通信社、二〇〇〇年

有馬朗人・苅谷剛彦対談「学力低下の危機——教育改革のどこに問題があったのか」『論座』二〇〇〇年三・四月合併号、朝日新聞社、二〇〇〇年

NHK放送文化研究所編『データブック国民生活時間調査1995』NHK出版、一九九五年

大槻和夫著「国語科教育改革の理念としての『新学力観』の検討」『現代教育科学』一九九四年一月号、一五—一八ページ

苅谷剛彦著『大衆教育社会のゆくえ』中公新書、一九九五年

苅谷剛彦著『階層化日本と教育危機』有信堂高文社、二〇〇一年

「入学試験制度に関する総合的研究」『京都大学教育学部紀要Ⅳ』京都大学教育学部、一九五八年

銀林浩著「三重に逆立ちした『新学力観』」『現代教育科学』一九九四年一月号、三一—三四ページ

国立教育研究所『理数調査報告書——平成七年度研究成果および調査集計結果』理数長期追跡研究ブックレット038、一九九八年

坂元忠芳著『「新しい学力観」の読みかた』旬報社、一九九四年

志水宏吉編著『のぞいてみよう！ 今の小学校』有信堂高文社、一九九九年

志水宏吉・徳田耕造編『よみがえれ公立中学』有信堂高文社、一九九一年

清水義弘著『試験』岩波新書、一九五七年

寺脇研・苅谷剛彦「徹底討論 子供の学力は低下しているか」『論座』一九九九年一〇月号（『中央公論』編集部・中井浩一編『論争・学力崩壊』中公新書ラクレ、二〇〇〇年に再録）

永井順國著『学校をつくり変える』小学館、一九九九年

日本教職員組合『ありのままの日本教育――一九五〇年教育白書』一九五〇年
樋田大二郎・耳塚寛明・岩木秀夫・苅谷剛彦編著『高校生文化と進路形成の変容』学事出版、二〇〇〇年
深谷昌志著「乱塾のなかの子どもたち」麻生誠編『学校ぎらい　勉強ぎらい』福村出版、一九八三年
藤沢市教育文化センター『「学習意識調査」報告書――藤沢市立中学校三年生・三五年間の比較研究』二〇〇一年
プロ教師の会編著『なぜ授業は壊れ、学力は低下するのか』洋泉社、二〇〇一年
ベネッセ教育研究所『第二回学習指導基本調査報告書・小学校版』研究所報 vol. 18　一九九九年
水野忠文著「受験生の健康をめぐる問題」『教育の時代』一九六三年三月号、東洋館出版社、一九六三年
宮澤康人著「児童中心主義の底流をさぐる――空虚にして魅惑する思想」『季刊　子ども学』vol. 18　福武書店、一九九八年
文部省『新しい学力観に立つ教育課程の創造と展開』東洋館出版社、一九九三年
安彦忠彦著「基礎学力と新しい学力観はどう関わるか」『現代教育科学』一九九四年一月号、五一一〇ページ
Etzioni, Amitai "'Crisis in the Classroom' by Charles E. Silberman, New York : Random House, 1970", *Harvard Educational Review*, 1971. pp. 87-89.
Hirsch, Jr. E. D., *The Schools We Need and Why We Don't Have Them*, Anchor Books, 1996.
Lee, Graham, Stevenson 1996 'Teachers and Teaching : Elementary Schools in Japan and the United States, in Rohlen, T. and Letendre, G. eds. *Teaching and Learning in Japan*, Cambridge University Press, 1996.
Loveless, Tom, "The Use and Misuse of Research in Educational Reform" in Ravitch, D. ed. *Brookings Papers on Education Policy*, 1998.
Ravitch, Dianne, *Left Back*, Simon and Schuster, New York, 2000.

ちくま新書
329

教育改革の幻想

二〇〇二年一月二〇日　第一刷発行
二〇〇二年四月二〇日　第五刷発行

著者　苅谷剛彦（かりや・たけひこ）

発行者　菊池明郎

発行所　株式会社 筑摩書房
東京都台東区蔵前二－五－三　郵便番号一一一－八七五五
振替〇〇一六〇－八－四一二三

装幀者　間村俊一

印刷・製本　三松堂印刷 株式会社

ちくま新書の定価はカバーに表示してあります。
ご注文・お問い合わせ、落丁本・乱丁本の交換は左記宛へ。
さいたま市櫛引町二－六〇四　筑摩書房サービスセンター
郵便番号三三一－八五〇七
電話〇四八－六五一－〇〇五三

ISBN4-480-05929-6 C0237